U0079724

一題數學
解決全球經濟問題
One for All
The Solution for Global Economical Problems.

陳光◎著

關於作者 Author

陳光

★美國維吉尼亞大學企管碩士。

★日本七田真超右腦研究中心副所長。

★台北市潛能發展協會理事長。

★立法院教育委員會立委國會辦公室主任。

★Knowledge電視台『名人風雲錄』、『知識改變命運』節目主持人。

★大台北電視台『知識創造力量』等節目主持人。

★華視教育節目主講人。

★歐寶國際工業總經理。

★陳光教育機構總監。

★著作有《工蟻》、《小心大腦破個洞》、《讓家長擁有校長的智慧》、《人生必須知道的21個相對論》、《改變學習方式，改變一生》、《窮人永不得翻身》、《讓錢自己流進來》等。

要成功，就要跟已經成功的人學習
■林偉賢 實踐家知識管理集團董事長

　　我認識陳光十幾年了，我與他共同主持了知識改變命運等好幾集的節目，陳光幽默的言談，超迅速的反應力，以及獨創的邏輯思維訓練……能教人倒背如流的超強記憶課程更在國際上掀起許多迴響，我真心為台灣能出現這樣的人才喝采。

　　記得六年前Money　and　you在大陸深圳開課，陳光越洋來參加，當然也是我班上非常傑出的學員之一。看著他的著作一本本的寫，不乏心靈、愛情、財經、記憶……我真的懷疑這個小老弟的大腦怎麼能裝這麼多的智慧。這次這本《一題數學解決全球經濟問題》，更是財富重分配的精華版，我讀了好幾次，我認為裡面有三個內容，是大家不得不知道的。

1.網路即將大幅替代舊有經濟模式
　　不管透過什麼方式執行商業行為，經濟模式最終必定回到以『人』為本位。從土地、工廠、店鋪等一路到網路的爆炸，在在挑戰人類的適應力，所謂適者生存，不適者淘汰，千萬不要輕忽網路的威力。

　　專家認為，網路將大幅替代過去的通路，許多以往熟悉

的生活習慣、商業模式，到了網路時代，將被全盤被推翻。

2.預見自己即將一無所有，你才有改變命運的衝動

　　從失業率偏高不下，以及M型化社會的來臨，在在證明網路即將大幅替代傳統事業，聽來是危機，但是請別忘了這句至理名言：危機就是轉機。其實，網路是把財富從中間的通路回歸消費者的發明，它雖然會影響傳統的資本主義，也造成新一代年輕資本家的機會。

　　只要抓住網路，很多人能輕輕鬆鬆逆轉勝！

3.財富，是大腦價值的投影

　　陳光說：一個人的心智地圖，是一張沒有邏輯，走不出來的迷宮；或是方向清晰、目標明確的藏寶圖，就決定一個人財富的多寡。如果頭腦清晰，再加上超強的行動力，會使你成為富人的腳步加快。

　　既然網路替代過去生活中人們所習慣的一切商業模式，那麼想必致富先機就在網路世界裡，這樣的趨勢發展已無法抵擋，更多人才通路的合併案也在網路上發生。但在板塊重整的時刻，擁有選擇權的人不只你一個，你可以選擇，別人當然也可以，所謂強者恆強，弱者恆弱。有人已經聚集了一批人才，運用知識智庫像黑洞一樣瘋狂吸引更多人才的湧入。

決勝點是是什麼？是學習，大腦智慧的多寡，它決定你能不能吸引更多人才到你身邊。

在知識經濟時代裡，人才比錢財重要太多了，你組織出的一批人願不願接受新事物，願不願意學習，願不願意改變，有沒有超強的執行力，都影響你將來網路企業的版圖。

也就是，最大的贏家是在於是不是擁有一批學習型的團隊一起合作。

要成功，就要跟已經成功的人學習。陳光是我見過非常成功的實踐者，在實體市場上，陳光經營的小蒙牛火鍋連鎖，更是國內知名的品牌，年底直營店即將超過十家！更複製了「過鍋癮」百家連鎖加盟，幫助數千人就業機會。我觀察這個小老弟做什麼都會成功，相信他的鉅著《讓錢自己流進來》大家都看過，網路世界更是陳光老師的強項。如果我們在實體世界苦無機會，建議再熟讀陳光這本《一題數學解決全球經濟問題》，一起跟陳光先進入網路世界，這個能讓我們不花一毛錢身價上億的翻身機會。

讓整個世界變成一個公益的世界

■沈春長 立光科技董事長

　　『這是一個多麼美好的世紀，如今我們想成為億萬富翁要比爺爺奶奶的年代簡單太多了。網路提供我們前所未有的機會，不需要投資成本，不需做太多雜事，只需要將負債式的消費改變為資產式的消費，告訴更多人這個觀念啟動倍增就能快速致富』陳光老師說的沒錯。財富的計算方法一直沒有改變，只是過去的通路架構在實體通路，未來的通路架構在網路世界。

　　我經營這麼多年的企業，遇過太多的大風大浪，從沒看過有這麼好的致富機會。網路的興起，促使商業模式改變，帶動財富板塊劇烈移動，跨越階級的洗牌運動，讓每個看懂網路並執行的人都能輕易翻身。雖然，網路使中產階級的危機浮現，但這未嘗不是所有人改變世代命運的好機會！科學家花了幾兆、幾億元，把光纖拉到每個人家庭，並解決金流與物流的問題，如今，在網路上就可以直接買賣。也就是說，網路，就是店鋪。過去購買資產需要資金，網路幾近免費。所以，在網路世界裡，沒有窮人、富人的分別，大家回歸相同的立足點。也就是說，網路提供給人們齊頭式的平等，只要能洞燭機先，把握決勝關鍵點，在網路上就能大量拓展財富的板塊。

　　但是，知道不等於得到。想要脫離貧窮，必須學習富人

的心智地圖，從觀念與行動力上，學習富人積極進取的行徑。陳光老師也說：『窮人買東買西，何時才會注意到購買資產幫自己工作？』也就是說，窮人缺乏的不是投資的金錢，而是購買資產的概念。網路世界裡，如果妥善改變消費方式，用很省的錢就可以創造驚人的利潤，真正實現理財致富。富人在成為富人前，會設法將屬於負債的不必要性支出減至最低，並學習如何將負債式的消費轉為購買資產的行動。『負債轉資產』，是致富的基本動作，記住：將固定的支出，轉換成購買資產的投資。

　　陳光老師最感動我的一句話是：『未來，財富不會累積到不對的人身上，而是會湧向願意分享的人。做個慈善家，讓整個世界變成一個公益的世界』。真的，我們不光只想自己走出財富自由，不是只想自己成為億萬富豪，我們做的，是在改寫歷史，我們要幫助更多人一起瞭解財富的觀念，幫助大家集體走出財富的自由。

　　看了陳光老師的《讓錢自己流進來》，再閱讀老師的《一題數學解決全球經濟問題》，我真的感覺未來全世界經濟的改善有希望了。如果一個人可以找到幾個人教他們本書的觀念，一起集體的執行陳光老師這本書的理念，我相信人們將不會再有貧窮的夢魘。別讓我們舊有的思維與習慣，造成財富上的限制。熟讀完本書，我認為，想要在網路世界裡快速翻身，每個人都應該詳閱陳光老師這本《一題數學解決全球經濟問題》，在經濟市場裡罕見能改變世界命運的奇書。

陳述新知，如人飲水
光明錢程，人人皆宜
最佳智慧，引人入勝
棒棒中的，萬人著迷

■王嘉翔　翔羚國際企業有限公司董事長
　　　　　BOSS國際開發系統執行長

　　經由一個好朋友的引見，我有幸認識知名作家兼數學及超級記憶學大師——陳光老師！

　　之前就已在各式各樣的場合，包括電視媒體、新聞雜誌聽聞陳老師大名，但是百聞真的不如一見，幾次見面和一起洽談合作的過程中，很榮幸親自見識這位大師過人的精力及無限的創意思考能力，以及非凡的整合力和對現況大環境通透的觀察力與超凡的見解。每次拜讀陳老師大作，就連本身常年擔任教育訓練的自己，都會興奮不已！

　　陳老師的前一部鉅作《讓錢自己流進來》不僅是博客來網路書店暢銷書排行榜第一名的暢銷書，更為即將出版的這本新書做了最佳引述。在眾多讀者的熱烈迴響和引頸期盼中，新書終於隆重推出！

　　基本上我個人覺得這不只是一本暢銷書的概念，在大環

境已經進入嚴重貧富不均、M型化社會更加確定的現在，這本書的出版，提供絕大部分身處金錢困頓的現代人一個明確改變人生、邁向富足的成功指導！

我想陳光老師最獨到的地方，即是透過書本的內容，不斷地告訴讀者，為何以往大部分人，會將基本生活開銷當成是當然負債，而不停支出。陳老師透過這兩本鉅作，明確且成功地點醒了眾多的社會百姓，清楚告知原本以往被絕大部分人認為理所當然的生活費用，例如家庭個人清潔用品、美容保養用品，不斷地支付給傳統的賣場或是就近的超商店！但是結果是累積這些生活開銷，竟然就佔據了一個家庭極大費用支出比率！在國際油價應聲高漲的今天，所有物價，動輒是以幾十個百分比在飛漲調升，唯獨薪資收入，不如人意的凍漲至今！難道消費者老百姓就理應當一個默不作聲的承受者嗎？當這般極端不平衡的產銷關係日趨緊張，影響所至，將是難以估計！

在一句『負債轉資產進倍增』的口號聲中，我看到陳老師在真實社會裡，結合本身豐富教育經驗，毫不吝嗇將自身最重要專長──數學及邏輯記憶學，融入數十部鉅作精華，已經在旗下，成功打造出一群積極認真，而且順利轉負債為資產的科技精英！

在台灣，每天有許多的新書出版，但誰能真正的透過出書，有效改造社會大眾消費觀念，甚至突破經濟現況，進入

人人稱羨的高收入族群？我想這是陳老師最令人欽佩的寬大胸懷及過人睿智所致！

最真實的建議就是，現階段大學教育，應將陳老師的過人見解，透過本書介紹給即將畢業，卻又面臨社會現實的莘莘學子！我想所有最高學府的教育內容，確實是沒有所謂的社會學，更談不上透過成功指導學或改變人生的相關實務學……等，來教育我們的下一代！相形之下，陳老師這本書的出版，更是凸顯本身的價值及對廣大社會百姓的協助及啟發！

在全球化競爭的今天，面對中國的強勢崛起，加上網路的推波助瀾，所有人與人或是商業競爭，已經進入無國界的時代，眼見世界快速的變化及進展，沒道理現在還有這麼多的人，每天汲汲營營，還在為五斗米折腰！這一本跨世紀對多數人會產生結構性影響的成功工具書，絕對值得本人強力推薦，更期盼未來所有透過這本陳老師鉅作，進而成功改變人生的讀者，能分享自身成功經驗，引領更多人進入『負債轉資產進倍增』的成功境界！

自序

■陳光

很喜歡這句話：『**讓自己充滿著愛，多到可以給別人，並且使你所有認識的人重新獲得生命。**』

讓自己遠離貧窮，是一種責任；幫助別人擁有智慧脫離貧窮，更是大愛。在沒有理財的觀念下，我非常心疼許多生活拮据的家庭，雖然擔負家計的人日夜辛勤工作，但薪資卻是那麼有限，再多的工時也無法因應龐大的生活開銷，生活的壓力，往往壓垮辛勞者的健康。

我很想大聲疾呼：『**人的生命，不是拿來賺錢的。**』如果你看過我上一本書：《讓錢自己流進來》，你應該知道，錢，是藉由架設系統後，自己流進來的。這一生，一定要學會架構系統，並讓系統源源不斷冒出你想要的財富。

這幾年，我不斷撰寫關於未來財富動向的書，雖然挑燈夜戰，拼命趕稿，但每每想到一個無貧的世界即將到來，心中的激動真是筆墨無以形容，你可以想像一個人三更半夜盯著電腦螢幕雀躍不已的樣子嗎？從《工蟻》、《窮人永不得翻身》到《讓錢自己流進來》，以及這一本《一題數學解決全球經濟問題》，在在預言，這一個世紀所有的財富，將湧向知識傳遞者以及知識實踐者，畢竟知識經濟的時代來臨，

財富將大量流向願意讀書的人。

資訊的落差，就是財富的落差。當網路將資訊連結到每個家庭，透過電腦上網就可刷卡購物，結合金流與物流，完全替代了店舖的功能，我們就應該知道實體通路即將面臨前所未有的浩劫。很快的，用手機可以刷卡付費購買更廉價的商品，相伴而來的，是一家一家的實體商店即將走入歷史。

『想要永遠的成功，只有永遠的學習』。要成功，就要有隨季節播種的能力。如今，我們不需要投資店舖的第一筆資金，簡單透過網路交易，或簡單傳遞消費資訊而身價上億者比比皆是。這是新一代理財的策略，財富板塊將會以千百倍的速度大量轉移。你大可操作本書的方法而瞬間身價上億，但當你掌握本書的致富法則，也展開超強的行動力，真的成功踏入致富殿堂，之後呢？事情並沒有結束喔！真正的重點才要開始。

當你致富了，成為億萬富翁之後，這些錢要拿來做什麼？什麼事情可以讓我們的財富更有意義？這才是我這本書所要倡導的關鍵重點。未來財富版圖將迅速轉移到擁有這些特質的人手上：願意奉獻、分享的人，這一點，其實也是富人心智地圖裡頭，十分明顯而重要的指標。前年，股神巴菲特捐出自己名下財產的百分之八十五，約莫三百七十億美金，也就是新台幣一兆一千八百四十多億元的天文數字，成功創下歷史上個人單次捐款的最高紀錄。此舉影響了眾人，

香港首富李嘉誠也宣布，要捐出個人財產的三分之一，投入慈善事業，折合新台幣是超過一千九百億元的鉅款。

永遠記得這個人。50歲那年，溫世仁決定不要再當生意人，他說：『**要有計畫地把五十億台幣散光。**』不是到西門町去撒錢，而是有計畫地花在一些有意義的事情上。溫世仁曾經提出一個『千鄉萬才』的計畫，要在極度缺乏發展的中國大西部，從一千個鄉鎮裡面，培養出一萬個人才。為了落實計畫，他出錢出力，先是捐贈電腦，然後教導他們透過網路與世界接軌。就這樣拎著行李，帶上筆記型電腦，再握著手機，溫世仁遊走在猶如荒漠般的中國大西部，一年三百六十五天，睡三百六十六張床，最後操勞過度病倒，遺愛人間。

溫世仁曾說：『**一個人有再大的權力、再多的財富、再高的智慧，如果沒有學會去關懷別人、去愛別人，那他的生命還有多少意義呢？**』如果你瞭解這些企業家的特質，你會知道合作、分享以及奉獻的重要。未來，財富不會累積到不對的人身上，而是會湧向願意分享的、慈善的企業家。而這些人，會讓整個世界變成一個無貧的公益世界。

這本書，讓我們有機會成為一個企業家，財富將會在我們手上展現偉大的生命力。我想說的是，我們正在經歷一個過去大家都不熟悉的歷史。我們也正在改寫歷史，正發動著一場不流血的財富革命。這本財富的秘密，記載著財富革命

的方法，也記載著把無貧夢想實踐的捷徑。只要越多人看懂、聽懂，就越多人走出貧窮，若是全世界的人都聽懂，那整個歷史真的要大大的改寫了！但請記住，讓錢流到對的人手上。我們不光想著自己走出財富自由，不是只想著自己成為億萬富豪，我們做的，是在改寫歷史，是要幫助更多人一起瞭解財富的觀念，幫助大家集體走出財富的自由，集體從事對社會有益的事。

　　讓我們一起寫歷史吧！期待透過你們的努力，一起迎接一個無貧世界的到來。

目錄

第 **1** 章

經濟大預言

● 我們應積極找出趨勢，加快腳步搶先在錢潮處攔腰
　 建水壩，等著財富自己流進來我們早已架好的水
　 庫。

● 預言家認為，網路即將改變，甚至摧毀過去的一切
　 通路，許多以往熟悉的生活習慣、商業模式，到了
　 網路時代，將全盤被推翻。M型化社會的來臨，就是
　 最好的驗證。

● 順著對的方向，就能輕鬆創造更多財富價值，相反
　 的，選擇錯誤的方向，一切努力就算不是全然白
　 費，也一定是事倍功半。

● 不要把人拿來當作賺錢的工具，萬一有一天，這台
　 賺錢工具出了問題，或者只要受傷或因病停工，偏
　 巧這個人又是撐起全家生計的重要支柱，那麼這個
　 家就會束手無策，陷入貧窮。

第 **1** 節
檢視自己現在所處位置

智者，抓住機會

窮者，等待機會

愚者，錯過機會

『抓住趨勢，錢來如潮湧，背離趨勢，財去如退潮』。想要致富，想要改變，想要跳脫窮困的瓶頸，就得正視趨勢的轉變，除了慎重的看待之外，同時更應該感謝變化的來臨，因為，致富的機會往往就在時代的變化裡出現！

只要開啟財富的嗅覺，稍稍用心就不難發現，牽動財富移轉的滾輪早已啟動。財富流向改變之際，我們應該做些什麼？有人等待大勢底定，再蕭規曹隨地隨波逐流；有人安分守己地扮演時代洪流裡的小石子，也有人悲觀的等待趨勢沖刷淘汰。當然，我們也可以積極找出趨勢，加快腳步搶先在錢潮處攔腰建水壩，等著財富自己流進我們早已架好的水庫中。

然而，就算我們知道要努力的方向，但問題是，知道並不難，要付諸行動卻不見得容易，所謂知易行難——太多是光說不練的人。（希望你是個執行力強的人）

以往，有能力壟斷財富、獨攬水壩的，多半是掌握相當資源的企業體，而非一般勢單力薄的老百姓，而當時財富的水壩，絕大多數都建立在實體通路裡，因此想要致富，非得有相當大的財力。但是時代不同了！（真是感謝老天爺呀！），生在21世紀的我們，終於不需成天唉聲嘆氣，望『富豪』興嘆了！拜趨勢轉變之所賜，知識經濟時代裡，只要是有知識的人，就擁有在錢潮流向處攔腰建築水壩的能力。也就是說，『財力等於能力』的時代已過，『知識的多寡』才是決勝關鍵。

所謂有知識的人，就好比正在閱讀本書的您，總是積極培養、觸發、堆砌自身的經濟知識，再轉換成猶如本能的財富嗅覺與執行能力。憑藉累積的智慧，順著財富流向奔去。現在，就讓我們一起建構快速致富的春秋大業。

本 節 重 點 複 習

1. 我們應積極找出趨勢，加快腳步搶先在錢潮處攔腰建水壩，等著財富自己流進我們早已架好的水庫中。

2. 以往，有能力壟斷財富、獨攬水壩的，多半是掌握相當資源的企業體，但是時代不同了，拜趨勢轉變之所賜，知識經濟時代裡，只要是有知識的人，就擁有在錢潮流向處攔腰建築水壩的能力。

3. 『財力等於能力』的時代已過，『知識的多寡』才是決勝關鍵。

Business **我的財商指數**

搞清楚：錢，是不會生錢的

富人洞悉創造『系統』，是創造財富的關鍵，
最重要的：是周而復始做相同的事。

　　要致富，首先應該改變舊有的一些觀念。記得老祖母常常告訴我們：『勤儉致富。』這句話到底對不對？乞丐，是最節儉了，我們很難讓乞丐從口袋主動掏出半毛錢，但是，我們卻很少看到某個乞丐因節儉而致富的。

　　以現在那麼低的利率，將錢存在銀行如何讓我們身價上億？低利率及M型社會裡，每個人像陀螺般拼命工作，只為了應付生活大小花費：柴米油鹽醬醋茶、小孩子的學費、房租、車貸、水電費……不停地轉啊轉，一刻也不得閒。只不過，不論我們再怎麼節儉，再怎麼奮力向錢跑、往錢衝，財富似乎就是難以觸及。貧窮，就像是好朋友一樣如影隨形。

　　『別讓錢睡著了！』老祖母說，於是，每個人都常把『錢滾錢』這句話掛在嘴邊，每個人都知道一定要讓錢動起來，才會有更多的錢湧進來的道理，不過，不知道您是不是也有這樣的疑問：到底怎麼樣才能錢滾錢？

　　首先，我們來探討一個問題：錢，究竟會不會生錢？給

你三秒鐘想想答案是什麼。是會？還是不會？假設你把十萬元擺在臥房的床舖底下，十年過後，你認為十萬元這個數目字會有任何的改變嗎？

把十萬元放在床舖底下，不管放了一年，還是十年，甚至放了一輩子，它都還是十萬。顯而易見，錢是不會生錢的，而且錢放著不動還會貶值。那麼，到底怎麼樣，才能讓錢滾錢呢？

答案是：購買系統。要把錢拿來購買系統，或把錢用在購買架構系統所需要的費用。記住：錢本身是沒有生命的，再多的錢擺在身邊是沒有用的。唯有將錢換成系統，才能讓錢從系統中持續不斷冒出來。錢滾錢，最快的方法是把你的錢用來創造系統，唯有建構一個冒錢的系統，才能讓你的財富大量湧出。低利率時代的來臨，錢擺在銀行裡，跟擺在床舖底下沒什麼兩樣。比起投資基金、利滾利來說，建構出系統所冒出的錢，將千百倍於只靠利息的收入。

全世界百分之九十五的財富，集中在百分之五的人手上，這百分之五的人都是懂得不斷架構或購買系統的人，也就是《富爸爸窮爸爸》書中所提到的：B象限的人──企業家！如果你還不是億萬富翁，這個提示，是不是讓你茅塞頓開、豁然開朗了呢？

　　我們無法保證自己含著金湯匙出生。或許我們真的無法選擇出生在富豪的家庭，但要成為億萬富豪，絕對是我們可以百分之百，自己當家作主的一件事。答案就是建構一套搶先趨勢的系統，讓錢能持續湧入。當你掌握了本書的這一套系統，確實執行後，就能告別舉步維艱、只靠生命賺錢的跟蹌人生。

本 節 重 點 複 習

1.乞丐，是最節儉了，我們很難讓乞丐從口袋主動掏出半毛錢，但是，我們卻很少看到某個乞丐因節儉而致富的。

2.購買系統才能讓錢滾錢。要把錢拿來購買系統，或把錢用在購買架構系統所需要的費用。

3.全世界百分之九十五的財富，集中在百分之五的人手上，這百分之五的人都是懂得不斷架構或購買系統的人。

$\mathscr{B}$usiness 我的財商指數

_____

_____

_____

_____

_____

第③節
掌握關鍵、把握趨勢

每個世代富有的人都是這樣：
洞悉金錢流向，在財富流向處搶先建好水庫，輕鬆等著大筆金錢流入。

　　21世紀，是個瞬息萬變的世紀、是個講求速度的世紀，只要我們稍稍一不留神，跟不上時代的腳步，小心，很可能就會被財富洪流遠遠拋在身後。掌握不住關鍵趨勢，不論我們再怎麼奮力邁開腳步、費盡力氣拼命追趕，也無濟於事。

　　所以，要跟上趨勢。時代不同，關鍵轉換了，價值觀也該改變了。

　　不是擁有了系統，錢就能像地底溫泉不分日夜汩汩冒出，也不是擁有了系統，我們就能夠永遠過著坐擁金山、銀山、翹著二郎腿數鈔票的日子。有一個最重要的關鍵，就是：不能背離趨勢。

　　撇開現代人幾乎很難揣摩的遠古時期不談，人類文明歷經了多次改革：農業時代、工業時代、商業時代、知識經濟時代，到如今的網路時代。這些叫人記憶猶新，不陌生，或

者不久前仍然身處其中的時代，竟以驚人的速度不斷變遷。在不知不覺中，大環境就這麼變了，真的讓人不知所措。而本書一直強調的『趨勢潮流』，沒有意外的總是在剎那間引爆，一些後知後覺、凡事慢半拍的人，就猶如『水煮青蛙』，完全沒有意識到改變的劇烈與快速，於是，就被時代給拋到貧窮的一端。

不同的時代，環境發展條件自然就不同，但是無論環境怎麼改變，只要懂得不斷學習、掌握關鍵，就可以不用擔心被趨勢遺棄。讓我不厭其煩地再說一次，『掌握關鍵、把握趨勢』絕對是跨時代通用的唯一法則。

在以農耕為主要經濟活動的農業時代，土地就是那道關鍵，想要打開致富的大門，恐怕就要先成為地主，當時的佃農只能像螻蟻一樣，頂多是圖個溫飽，因為單靠勞力耕作一輩子，是不可能成為富翁的。科技開始嶄露頭角的工業時代，關鍵重點就變成工廠，誰有廠房，誰是老大。在工業時代裡，想要躋身富人之列，開工廠絕對是一條捷徑，誰擁有工廠日夜生產，誰就進軍富人的行列。而工人呢？又成為工業時代裡的新螻蟻。但就如同剛剛所說，不同的時代有不同的發展條件，農業時代的工具擺在工業時代來看行得通嗎？如果你不是那隻『水煮青蛙』，那麼我想你已經知道答案了，開工廠這條致富的路，當然也不見得適用於商業時代裡。

當農業、工業時代已經成為過去式，我們所面對的是競爭更加激烈的商業時代。店舖，就成為快速累積財富的關鍵。誰擁有車水馬龍、聚集群眾的店舖，誰就擁有大量創造財富的工具。更聰明的是，人類運用智慧，操作連鎖廣開分店，當系統制訂好， 一家變兩家，兩家變四家，透過簡單的指數運作倍增，人們可以很精準的算出並得到倍增後的財富。

而知識經濟時代的來臨，網路悄然的改變一切經濟模式。現在，買土地、蓋工廠、開店舖當然不會再是我們所應該追求的目標。網路，才是開啟通往關鍵『窄門』的必備鑰

匙，而財富就藏在網路世界裡。你想過家中床舖旁邊的電腦裡就充滿商機嗎？網路已經合理的取代許多實體通路的店舖，想想默默經營一夕爆紅的無名小站，還有2005年2月才成立，沒過多久就和無名小站一樣備受矚目的YouTube，以及1999年成立，經過短短幾年的經營與擴張，如今旗下已經擁有5大主體事業的阿里巴巴，這些以電腦為根基，在網際網路世界裡一躍而起的鉅子，在在說明了一件事——知識經濟時代，網路就是快速通往致富的捷徑啊！

今日的網路就如同農業時代的土地、工業時代的工廠、商業時代裡的店舖。搶先在網路世界裡面累積、聚眾、深耕發展通路，我們的步伐才能與財富接軌。

水煮青蛙

將青蛙丟入熱水中，反射動作會令牠立即跳脫逃生。
但如果先將牠放入冷水，再緩慢加溫，水中青蛙將渾然不覺，直到水沸死亡。
除非……
有人將牠救出！
就像正在告訴你這項事實的本書！

一題數學解決全球經濟問題

前瞻觀點

能源短缺已經不是新鮮話題了，在不久的將來，由於環境的污染，地球很可能因為水而戰爭，這一天也許在15年後，幸運的話，時間可能會拉長點，不幸的話，會更快來到也說不定！

有天然魚倉與海洋公園美譽的渤海，近年來不僅漁獲量銳減，更有多達三十餘種的海洋物種滅絕，而船家打撈到因受污染而奇形怪狀的變種魚，更時有所聞。魚沒有魚鱗、蝦沒有蝦殼，這些你怎麼也想像不到的情況如今活生生地上演。

因為環境污染而受害的，其實不只有海洋或野生動植物，『為什麼蜜蜂不見了』成為國際學者探討的話題，就像無吻鱷漸漸絕種，是環境基因影響了生物基因。整個環境的改變，人類也不能倖免於難，新生兒過敏的比例偏高，皮膚科門診擠滿12歲以下的孩童，因異位性皮膚炎而上門求診，鼻子過敏、呼吸病變的孩童越來越多，發育遲緩、注意力不集中、性別不明顯……，若從這樣的角度來思考，下一波財富重新分配的關鍵點，極可能與環保議題、生化科技有密不可分的關係。

本 節 重 點 複 習

1. 掌握不住關鍵趨勢，不論我們再怎麼奮力邁開腳步、費盡力
   氣拼命追趕，也追不上財富。

2. 知識經濟時代的來臨，網路悄然的改變一切經濟模式。現
   在，買土地、蓋工廠、開店舖當然不會再是我們所應該追求
   的目標。網路，才是開啟通往關鍵『窄門』的必備鑰匙，而
   財富就藏在網路世界裡。

3. 下一波財富重新分配的關鍵點，極可能與環保議題、生化科
   技有密不可分的關係。

Business 我的財商指數

第④節
經濟大預言

就像北極的冰山一樣，中產階級正在急速的消失當中。
未來，人們不是極有錢，就是極度貧窮，沒有中間地帶。

　　不管透過什麼方式執行商業行為，經濟模式最終必定回到以『人』為本位。從土地、工廠、店舖等一路到網路的爆炸，在在挑戰人類的適應力，所謂適者生存，不適者淘汰，千萬不要輕忽網路的威力。預言家認為，網路即將改變，甚至摧毀過去的一切通路，許多以往熟悉的生活習慣、商業模式，到了網路時代，將全盤被推翻。M型化社會的來臨，就是最好的驗證。

　　M型社會，是近來最流行的話題，幾乎什麼事情都可以跟M字扯上關係。中產階級在經濟競爭力上的潰敗，使ㄇ字往下塌，形成所謂的M型社會。整個世界被切割成三塊，窮人與富人都變多了，中間漸漸消失不見的族群就是中產階級以及中小企業。而造成這種劇烈改變的原因，不是別的，就是現在十分夯的網路！

　　在美國率先進入M型化社會之後，近年來，日本社會中有八成的民眾淪為中下階層，顯示日本社會也已M型化，下

一個步上後塵的會是誰？答案是台灣！

　　企業停業的消息時有所聞，其中甚至不乏許多具有相當規模的老字號，例如衣蝶百貨、中興百貨等，這些中小企業就等同於企業裡的中產階級，它們的案例，不只是一則聽過即忘的新聞報導而已，更應該是一個明顯的訊號：顯示經濟環境正進入改變期，所有身處其中的人，都不能避開變化。差別是，變好還是變壞！而變好與變壞的關鍵，在我們自己的做法與選擇，這將決定我們所遭遇到的，是危機還是轉機。

　　在全球化的趨勢下，如果能夠掌握先機，懂得善加利用並發揮網路四通八達的特性，著手在數位世界中搶得一席之地，那麼美國、日本、韓國、澳洲、荷蘭、泰國、西班牙、墨西哥……任何一個國家、任何一個地方都可以是自己的市場版圖。只要結合網路把觸角伸及全球各地，你就可以大發世界財。太多的成功案例宣告財富與資源重新分配的時刻已經來臨，順勢的人，應能輕輕鬆鬆成為本世紀的富人，相對的，脫離潮流脈絡、跟不上時代又不願學習的守舊分子，則會因為失去競爭力而走向貧窮。

　　M字右側的傳統藍領與M字左邊的知識金領做法有何不同？差別就在於知識金領懂得抓住趨勢、運用網路，知道在

一題數學解決全球經濟問題

什麼環境、什麼狀態下，應該做什麼樣的調整來因應。因為這樣的特質，所以知識金領總是能事半功倍，得到豐碩的收穫。成功的重點，就在於抓住趨勢隨季節播種的能力。

本 節 重 點 複 習

1.預言家認為，網路即將改變，甚至摧毀過去的一切通路，許多以往熟悉的生活習慣、商業模式，到了網路時代，將全盤被推翻。M型化社會的來臨，就是最好的驗證。

2.太多的成功案例宣告：財富與資源重新分配的時刻已經來臨，順勢的人，應能輕輕鬆鬆成為本世紀的富人，相對的，脫離潮流脈絡、跟不上時代又不願學習的守舊分子，則會因為失去競爭力而走向貧窮。

3.M字右側的傳統藍領與M字左邊的知識金領做法的不同，就在於知識金領懂得抓住趨勢、運用網路，知道在什麼環境、什麼狀態下，應該做什麼樣的調整來因應。

Business **我的財商指數**

第 5 節
抓住機會 御風而上

財富不是從天而降，而是選對方向。

　　喜歡划單人船的兩個人，約好進行一場友誼賽，從划船的起始地—河流的中心點開始，比賽看誰在一天內划得較遠。

　　其中一個人選擇往河流上游—發源山脈，另一個人則選擇往河流的下游—海洋。

　　比賽開始後，選擇海洋的人，順勢而下，划得輕鬆又愉快，一會兒就到達海洋，更因此看到遙遠廣闊的天地。選擇逆流的人呢？努力了一整天，卻仍然在原地奮力划著槳，一點進度也沒有。

　　當衣蝶百貨、中興百貨等停業的同時，你知道有多少上班族因此而失業？有多少人因為失業而消費能力減弱，又造成多少人沒錢上健身房，導致亞歷山大健身王國因而倒閉？同理，又有多少人失業消費能力減弱，而影響到餐飲業的生意？如此惡性循環，都是網路購物的興起，而引起的連鎖傳統實體通路倒閉效應。最近，網路教學以免費的方式讓學生下載，教育機構也無法倖免於難。凡此種種，難怪專家預

言：網路即將摧毀一切。

如今，我們只有兩種選擇：順勢而為掌握趨勢，或視而不見背離潮流。掌握趨勢就有機會掌握財富，脫離潮流、視而不見，就註定失去競爭力走向貧窮。就像兩個拉著行李箱準備出國的人，在經過機場通道時，一人選擇一般路面步行前進，另一人則改變方式：一腳踏上輸送帶。你猜五分鐘之後發生什麼事？踏上輸送帶的人，當然輕輕鬆鬆往前進，就算站在輸送帶上動也不動，也能輕易超越沒站上輸送帶的人。

輸送帶，就好比我所說的『趨勢』。再試著想像，輕鬆站在輸送帶上與滿頭大汗步行前進的對比畫面，更誇張的畫面是，輸送帶明明向左，一群人卻站在上面拼命向右的狼狽景象。很可悲的是，百分之八十的人在現實社會都像這種景象，背離趨勢而不自知。

順著對的方向，就能輕鬆創造更多財富價值，相反的，選擇錯誤的方向，一切努力就算不是全然白費，也一定是事倍功半。趨勢的重要性顯而易見，聰明的抓住趨勢，順勢而為，才有機會成為人人羨慕的富人。生活在日漸M型化的台灣，你更應當明白這個道理。進軍網路世界，並將它付諸行動，不要落入80％為錢工作的藍領階級，茫然在M型社會來臨時束手無策，不知所措。

本 節 重 點 複 習

1.如今，我們只有兩種選擇：順勢而為掌握趨勢，或視而不見背離潮流。掌握趨勢就有機會掌握財富，脫離潮流、視而不見，就註定失去競爭力走向貧窮。

2.很可悲的是，80%的人在現實社會裡背離趨勢卻不自知。

3.順著對的方向，就能輕鬆創造更多財富價值，相反的，選擇錯誤的方向，一切努力就算不是全然白費，也一定是事倍功半。

Business 我的財商指數

第 6 節
跳脫90%的腦袋革命

財富的多寡，是大腦價值的投影。

　　21世紀頭號風行全球的暢銷書，首推富爸爸商學院系列，這叫好也叫座的暢銷書，以真實的故事，帶出有別於傳統思維的致富哲學，衝擊全球數千萬書迷的理財觀。羅勃特告訴我們：『時代改變，邏輯本位也跟著轉變，傳統的理財思維早已行不通了！』

　　書中，作者羅勃特將所有人分為四象限：企業主B、投資者I、上班族E與自由業者S，並指出未來窮人的象限，是上班族與自由工作者，其實也就是M型社會中的藍領階級。全世界幾乎90%的人都受僱於人或自己創業，而這人數最多的一部分，也就是現在正急速崩塌的區塊，典型的窮人象限。

　　這個年頭真正要靠上班的薪水身價上億，幾乎是不可能的事。但是，沒有被財富觀念啟發的普通上班族，思考模式往往流於制式僵硬。他們期待發財，但絕大多數的人僅僅停留在夢想的階段，從未深入思考致富的方法，就算知道答案，也缺乏身體力行的決心與勇氣。一般人會選擇儲蓄，以為穩穩當當地把錢存放在銀行裡就好，卻忽略通貨膨脹、貨

幣貶值以及繳稅等問題。十年、八年過去，帳面上看來，也許數字是些許增加了，但真的變富有了嗎？利息永遠趕不上通膨。也不能不預防有一天，當上班族唯一的薪水收入不再來，全家人如何維持慣有的生活？於是很多人有中年危機。在中年失業日益嚴重的現在，這是一道上班族不能不思考的問題。

更有些人連消極儲蓄也不做，這些人幻想中樂透而一夕致富。其實，就算中了樂透，因為缺乏正確的理財觀念與規劃，不管從天而降的意外之財有多豐厚，也多半會在短短幾年之內散盡。很多中了樂透的人，到頭來還是打回貧窮的原形，甚至比未中獎之前更窮困，主要癥結點，還是在於心理層面，也就是一個人的金錢藍圖。

討論另一小撮比較積極主動的自由業者，他們具有相當智慧，明白若想要致富，就必須跳離猶如工蟻般的藍領生活，也積極地將想法落實於行動中。他們決定為己工作，開創屬於自我的事業，心想，這麼一來，應該就能擺脫領死薪水的生活，躋身富人之列吧！事實是，如今自行創業的自由業者，竟然也落魄到歸類於窮人象限，這點可能讓老一輩的人無法理解。

以往，自己開店當老闆，獲利常常優於上班族數十倍。

但如今，如果你在實體通路經營店舖，只怕連保本都有問題。好不容易轉戰到S象限，卻身陷另一場惡性循環，同樣過著用生命賺錢的日子。

根據調查，上班族想自行創業者，多數會由小資本額的開店模式著手，而十大創業夢想排行榜中，又以咖啡廳連年奪得最高票數，穩居第一名寶座。

的確，一家充滿設計感，空氣中又飄有濃濃咖啡香與甜甜蛋糕味的咖啡廳，真的叫人心神嚮往。可惜，開店的夢想雖然很美好，但現實卻是殘酷的。有90%的實體店舖，會在成立後五年之內，因為特殊原因，或者是難抵趨勢改變而倒閉，再過五年，原本存活的店家會再消失個90%，也就是說十年後，100間店舖只會剩下1間。

假使你現在開了一間咖啡廳，今天很賺錢，但誰能夠保證，未來幾年不會出現對手？蛋塔風潮大家應該還記憶猶新，而街頭巷尾，分店一家接一家的低價蛋糕咖啡店競爭，又能獨霸市場多久？連鎖蜜蜂咖啡的結局大家有沒有聽過，分析過它的興衰嗎？

生意不好，店倒；生意太好，人倒。不管店倒或人倒，反正總是要倒。從這樣的結果往回推，顯然自己開店當老闆也不是條通往財富的大道。當然，偶爾也會有成功案例，但

由於比例相差懸殊，加上網路的競爭，這樣的模式在未來將會逐漸無法被複製、套用。

以上所提到的，是90%的人的思考邏輯，想成為億萬富翁，首先我們要做的，就是跳脫這90%的人的思維，也正是本書想要傳達的重要概念：成為知識金領，先建構可複製的系統，並且抓住網路趨勢！

下一個單元將會提示：『如果狗都比我們會賺錢，那我們該馬上做什麼事？』

『那就趕快養一隻狗，讓狗狗來幫我們賺錢吧！』

有很多愛狗人士反對這個說法，大家認為，狗是拿來照顧的，用狗來賺錢，完全違反了狗的權益。乍聽之下完全正確，但反問在人類的世界裡，有多少家庭希望子女趕快畢業，好出社會賺錢負擔家計？大部分的人的世界裡，讀書只是為了賺錢，養兒竟是為了防老！

拿狗來賺錢，可說不仁，那麼用人的勞力來賺錢，是不是更不仁了呢？

有個觀念必須強調再強調：工作，是為了追求理想，求學，是為了追求知識，協助完成人生志向。讀書與工作都應與賺錢無關，那麼錢怎麼來呢？錢，應該是先架設一個系

統，錢就會自己源源不斷地流進來。

　　這本書教你如何架設系統，甚至不花一毛錢身價上億。實現本書的論點，以後朋友再問你：『一個月賺多少錢？』你要馬上告訴他：『人類存在的主要功能不是賺錢。』

　　你可以反問：『你用什麼系統賺錢？』或是：『你們家操作幾個系統在幫你們賺錢？』

本 節 重 點 複 習

1.時代改變，邏輯本位也跟著轉變，傳統的理財思維早已行不通了！

2.羅勃特將所有人分為四象限：企業主B、投資者I、上班族E與自由業者S。並指出未來窮人的象限，指的是上班族與自由工作者。

3.本書想要傳達的重要概念是：成為知識金領，建構可複製的系統，並且抓住網路趨勢！

4.你用什麼系統賺錢？你們家操作幾個系統在幫你們賺錢？

Business 我的財商指數

拒絕惡性循環 掙脫實體限制

企業進入惡性循環，一旦發生骨牌效應，規模越龐大者，存活率越小，除非能一舉跳出實體通路的限制！

　　想成為億萬富翁，最快的方法就是進軍B象限，也就是讓自己成為企業家，建構系統、複製倍增通路點。看看這個公式：

產品利潤×通路＝總利潤

　　因此，只要選對產品，瘋狂開發通路，財富將源源不斷到來。

　　但網路興起摧毀實體通路，就像骨牌效應，牽一髮而動全身。如今，衣蝶百貨倒了、中興百貨倒了，造成多少失業人口？這些人一旦失業，直接受到影響的就是消費能力。消費能力的降低，又造成其他行業無法維持因而倒閉，經濟不景氣惡性循環，影響範圍擴大，身為上班族的一員，早已受到池魚之殃！

　　假設一間具一定規模的連鎖健身中心，有600名會員就可以滿足營運成本，1000名會員就有豐厚利潤。

　　但因為經濟不景氣，被狠狠砍下一刀，代表利潤的400人剩下一半，只有200人，偏偏這時候，社區興起一波運動熱，消費能力減弱的今天，婆婆媽媽們紛紛轉向，參加比較便宜的社區型課程，會員再掉100人，它的利潤只剩100個人。

　　屋漏偏逢連夜雨，這時對街馬路上，敵對的競爭廠商竟然也設點開店了，新開張的吸引力加上促銷活動，會員馬上又掉了150個人，開始賠本了。

　　進入負循環後，這時，企業連鎖越龐大，越多分店賠越多，骨牌效應就越大。

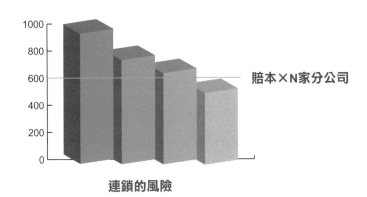

連鎖的風險

　　企業一旦進入這樣的惡性循環，規模越龐大者，存活率越小，因為體制內的負擔過大、包袱太多，而大型連鎖體系更是可怕，如果開一間賠一間，那麼開100間呢？損失驚人呀！實體連鎖通路就是這麼恐怖，但事情還沒有完，撐不下去倒閉之後，會怎麼樣？就結束了不是嗎？錯！接踵而來的就是失業問題，那些沒工作、沒收入的人，消費能力自然下降，又再帶動其他行業的惡性循環。一波又一波，影響範圍越來越大，什麼時候會殃及你我，誰也不知道！除非，能進軍網路，一舉跳出實體通路的限制！

本 節 重 點 複 習

1. 產品利潤×通路＝總利潤

2. 經濟不景氣惡性循環，影響範圍擴大，身為上班族的一員，早已受到池魚之殃！

3. 企業一旦進入這樣的惡性循環，規模越龐大者，存活率越小，除非，能進軍網路，一舉跳出實體通路的限制！

$\mathscr{B}$usiness **我的財商指數**

第*3*節
網路即將摧毀一切

預見自己即將一無所有，你才有改變命運的衝動。

『網路即將摧毀一切』，這一句用來抓住目光的標題，警告你什麼是『現在進行式』，極可能有一天這句話會成為事實，因為網路正真真切切地改變我們以往所習慣、熟悉的一切。

你可以從網路上得到更多免費的資訊。大家上網免費下載音樂，多少唱片公司受到影響，從網路上免費或低價下載電影，錄影帶出租業者叫苦連天，透過網路低價就可學習到課程，教育業者哀嚎不已，更多透過網路的交換，如：U—BOOK網站，你閱讀過的舊書跟我的舊書交換，不需額外再支出，出版商越來越難做到生意。透過網路，人們聰明地省下一筆又一筆的可投資資金。

將來透過網路，人人都可以得到免費的學習。我教你英文，你教我數學，透過網路資源分享、互惠的模式，人人都得能到便宜。未來補習班再也沒有存在的必要，明明你我就能完成的動作，實在沒道理在兩者中間硬插入一個通路來剝削。因此，學生只要養成主動學習、培養時間管理的能力，

就能獲得多方面的免費學習（當然別忘學習我的超強記憶及
邏輯思維，在網路上有太多免費的教學）。其實在網路世界
裡，你會發現網路訊息遠比你想像得還多。究竟是網路的資
訊多元，還是補習班呢？當然是網路，而且多太多了，這麼
一來，傳統的教育機構未來怎麼還能生存呢？

　　台大FUN—LEARN網站就是一個非常值得注意的觀察
點。一群台大的研究生自發性地拍攝教學光碟，讓台灣的學
生都能上網免費學習。如果你是孩子的父母，只要培養孩子
主動學習與自學能力，你會不會考慮讓孩子選擇更多元、更
能與國際接軌的網路學習？英國現在有數萬名學子選擇在家
自學。孩子除了升學課程之外，還有謀生技能、人格培養、
倫理道德等重要的面向要學習，這些能力在學校已不見得學
得到，如果學校體系還不全面進行改革，恐怕網路將造成現
有教育體制全面崩盤。

　　許多專家預測，在未來世界裡，學校數量將急遽萎縮，或只剩某幾所較具代表性的學校。學校如此，更別說一般的補習班系統，將會被選擇網路的學生與家長淘汰。自學，已是新世紀的學習風潮，未來的台灣也絕對會走向這樣的發展。網路扮演重要的角色，它改變了知識取得的方法，也克服了知識取得的場地限制。

　　如果我們將家長當作消費族群，那麼學校就等同於中小企業，消費者——家長，不再需要企業——學校，提供的商品——不進步的課程內容，那麼學校這個企業最後只有踏上倒閉一途。接下來會發生的事情完全不需解釋，將會是大波失業潮，老師失業了、校工失業了、開校車的司機伯伯也失業了，甚至就連校長也不能倖免！所謂『見微知著』，連這麼穩固的機構都產生如此的變化，我們不難猜想其他行業的未來。

　　為什麼上班族會面臨這麼大的失業潮？我們先要解釋『上班』這個行為。『上班』這個名詞究竟是怎麼來的？在農業時代，農民在家自給自足，並沒有所謂的『上班』這個名詞。直到進入工業時代，一群資本家從農村找來農民子弟為雇主工作，才有上班這個名詞。想想，相較於人類發展的幾千年歷史，只出現約莫短短數百年的『上班』兩個字，其實新鮮得很，未來還會不會延續下去呢？從居高不下的失業

率，其實已經可以窺見端倪，社會新鮮人離開學校後，得比過去花上更多的時間，才能找到第一份工作，甚至是找不到工作，如果還要進一步考慮理想、薪水等方面，找到一個像樣的工作，簡直就跟大海撈針沒有兩樣！

更可怕的是隨著年紀漸長，職場競爭力必然下滑，有一天新人將從垂垂老矣的你手中搶走最好的工作。這種時刻，如果賺錢是上班的唯一目的，有一天會連養老金在哪兒都找不到。不要把人拿來當作賺錢的工具，當有一天，這台賺錢工具出了問題，甚至只要受傷或因病停工，偏巧這個人又是撐起全家生計的重要支柱，那麼這個家不就束手無策，陷入貧窮了嗎？別說這例子太偏頗，社會新聞每天都有數不完的相似案例。

未來，就算是人稱鐵飯碗的公職，也不能就真的能帶來無虞的生活。如今，太多公家單位遇缺不補，或由正職改為約聘，上班賺錢是條越來越狹小的窄路，什麼因素引發這種轉變，當然就是網路！現在，你覺得『網路即將摧毀一切』是句聳動的標語？還是必然發生的預言呢？

本 節 重 點 複 習

1.如果學校體系不全面進行改革，恐怕網路將造成現有教育體制全面崩盤。

2.在農業時代，農民在家自給自足，並沒有所謂『上班』這個名詞。直到進入工業時代，一群資本家從農村挖出農民子弟為雇主工作，才有上班這個名詞。想想，相較於人類發展的幾千年歷史，只出現約莫短短數百年的『上班』兩個字，其實新鮮得很，未來還會不會延續下去還是個問題。

3.不要把人拿來當作賺錢的工具，萬一有一天，這台賺錢工具出了問題，甚至受傷或因病停工，偏巧這個人又是撐起全家生計的重要支柱，那麼這個家就會束手無策，陷入貧窮。

*B*usiness 我的財商指數

第9節
消費能力超強的大磁場

網路造成財富重新分配，這是個千載難逢的機會。

　　常常聽到周遭的人感嘆經濟很不景氣。但經濟真的有那麼糟嗎？打開『什麼都有、什麼都賣、什麼都不奇怪』的奇摩拍賣網站，動則上萬的買家不在少數，每天成交的拍賣不知幾千萬件。除此之外，購物網站業績年年成長，顯現在網路上頭經濟很景氣呀！如果你是商人，你不該感慨經濟不景氣，你應該問：『消費者究竟跑哪去了？』

　　通通跑到網路裡去了！

　　我們來研究一下。以台北市為例，西門町曾經繁華一時，隨著東區商圈的崛起，人潮一下被吸引到東區，西門町整個商圈就幾乎一蹶不振。仔細觀察，這幾年來雖然東區的逛街人潮，表面上看來很多，但實際進行消費的時候，有一半以上會轉到網路上去。逛街的目的其實是『比價』，錢最後還是流進了網路世界。

　　所以人潮最後會跑到哪？答案是『網路』！網路已成為消費能力超強的大磁場。我們再拿音樂、書籍來舉例，現在已經很少有人上書局買書了，除了少數一兩家通路，因品牌

形象而獲得消費者青睞，得以支撐，許多小型或老牌連鎖書局，不是咬牙苦撐就是應聲倒閉，因為網路購買方便多了！不但可以輕鬆瀏覽，訂書後有人送到家，更重要的是，折扣誘人！

也許有人會說，一定還是有人喜歡上實體通路，喜歡那種實實在在的接觸感，以及一手交錢一手交貨的踏實感，買書就是要到書局！不可否認，的確仍有這樣的消費者存在，如果他們正好出現在你的周遭，請仔細觀察，你會在這些人身上發現以下的共同特質：年齡稍長、不熟悉電腦、不善於接受新訊息。這樣的族群，消費能力將會越來越弱，相信過去的經驗，依賴實體通路，又不能抓住趨勢、不願接受新觀念，日後經濟狀況勢必受到連帶影響。而年輕的一群、擅用網路、喜歡新事物、新挑戰的人，消費潛力不容小覷，未來將有長足的成長空間。新一代的消費行為所造成的商機，會被什麼樣的管道牢牢抓住？當然是網路！因為網路有便利、資訊豐富等多種特性，絕對會成為新人類的首要選擇。相較於實體店舖，網路已成為下一波消費能力超強的大磁場！

本 節 重 點 複 習

1.這幾年來雖然東區的逛街人潮，表面上看來很多，但實際進行消費的時候，有一半以上會轉到網路上去。逛街的目的其實是『比價』，錢最後還是流進了網路世界。

2.你會在習慣實體通路的消費者發現以下的共同特質：年齡稍長、不熟悉電腦、不善於接受新訊息。這樣的族群，消費能力將會越來越弱。

3.網路有便利、資訊豐富等多種特性，絕對會成為新人類的首要選擇。相較於實體店舖，網路已成為下一波消費能力超強的大磁場！

Business 我的財商指數

第10節
不花一毛錢身價上億的機會

如果你抓不住機會，你就是愚笨的小偷，
你會在不知不覺中讓家產損失慘重。

　　網路提供平民翻身的機會。在虛擬的世界建構隱形的管道，只要抓住趨勢，你就有身價上億的機會。

　　實體通路逐漸萎縮崩盤，後知後覺者不是坐以待斃，就只能等待時代潮流將自己淘汰。小心這種態度：如果我們缺乏求知慾與積極作為，無論在哪個時代，農業、工業也好，商業也罷，多半是被刷下來的命運，更何況是在21世紀，這個競爭劇烈的知識經濟時代。

　　網路即將摧毀一切，聽來是危機，但是請別忘了這句至理名言：『危機就是轉機。』其實，網路是把財富從中間的剝削者回歸消費者的發明，它雖然會造成傳統資本主義瓦解，但同時也造成新一代虛擬世界裡資本家的興起。只要站在潮流行經的方向，你就能輕輕鬆鬆逆轉勝！既然網路即將替代過去生活中人們所習慣的一切商業模式，那麼想必致富先機就在虛擬世界裡！

　　網路如同一條隱形的通路，在這觸摸不到的通路裡，沒

有壓不下來的人事管銷，沒有無法避免的房租、水電費用，以往必須分配給中間通路商的利潤，都可以重新回歸最上游的製造廠，以及最下游的消費者，營造貨真價實的雙贏格局。當實體店舖唉聲嘆氣，漲聲連連，營運陷入困境，難以支撐之際，網路購物正大肆地蓬勃發展，兩種通路活絡程度天差地別，聰明人早已看清並積極操作這種新興的消費運作。

今天我們透過網路，將原本必須給通路商剝削的利潤，重新搬回自己的手中，記住，別急著落袋為安，應該將它視為致富的第一步，別忘記將省下的錢轉而購買資產，因為它將是實現我常提出的『０元致富』──不花一毛錢身價上億的最好機會。無產階級如何翻身？端看你有多瞭解網路如何衝擊這個世界。在後面的篇章中，我將一一帶領你前往零元致富的階梯。

一題數學解決全球經濟問題

本 節 重 點 複 習

1.網路提供平民翻身的機會。在虛擬的世界建構隱形的管道，只要抓住趨勢，你就有身價上億的機會。

2.網路是把財富從中間的剝削者回歸消費者的發明，它雖然會造成傳統資本主義瓦解，但同時也造成新一代虛擬世界裡資本家的興起。

3.網路如同一條隱形的通路，在這觸摸不到的通路裡，沒有壓不下來的人事管銷，沒有無法避免的房租、水電費用，以往必須分配給中間通路商的利潤，都可以重新回歸最上游的製造廠，以及最下游的消費者，營造貨真價實的雙贏格局。

*B*usiness **我的財商指數**

如果狗都比
我們會賺錢

那就趕快養一隻狗
讓狗來幫我們賺錢

●一個人的心智地圖，是一張沒有邏輯、走不出來的迷宮；或是方向清晰、目標明確的藏寶圖，決定一個人財富的多寡。

●所謂負債式的消費，就是當我們買了一樣東西，錢就沒了，或從你口袋中掏出錢來購買後，錢就不會再回來的消費行為。

●透過車子幫你賺錢、透過房子幫你賺錢、透過機器幫你賺錢，也可以寫一篇文章，用版稅幫你賺錢。我們可以透過所有方式來賺錢，就是不要狼狽到用生命去賺錢。

●網路的興起，促使商業模式改變，帶動財富板塊劇烈移動，跨越階級的洗牌運動，好像經濟上的四川大地震。雖然網路使中產階級的危機浮現，但這也是所有人翻身的最好機會！

第 *1* 節
富人的金錢藍圖

所有的億萬富翁，都一直在示範『短期內致富』的方法。
為什麼有人一天賺不到兩千元卻又不願跟著學習呢？

財富是有一定的公式與脈絡可尋的。

別以為公式一定只有符號跟數字，它更涵蓋了最重要的心智地圖。腦袋智慧有多少，決定你口袋財富有多少。《富爸爸窮爸爸》這本書閱讀者那麼多，但是真的看懂而執行的人有多少？又有多少百分比的讀者因為這本書而致富了？如果答案不是百分百，那麼沒有成功的人問題出在哪？沒有人會認為書裡寫的全是夢想，根本做不到吧？它畢竟幫助那麼多人成功，得到那麼多人的支持，而且為這本著作背書的人，更不乏享譽全球的經濟學者。

如果這本理財觀念正確的書，是開啟財富世界的鑰匙，那麼已經有很多人將它握在手中了，為什麼還是無法打開財富大門，進入富人殿堂呢？關鍵就在自己的金錢藍圖，也就是每個人不同的心智地圖。一個人的心智地圖，是一張沒有邏輯，走不出來的迷宮；或是方向清晰、目標明確的藏寶圖，決定一個人財富的多寡。

　　每個人的財富都是心智地圖的投影，而心智地圖越清楚，執行力越強。貧窮的人多半想太多了，太多負面的小聲音，關閉了他們行動的能力。缺乏行動力與沒有觀念沒什麼兩樣，下場一樣悲慘，甚至更糟。『知道不等於做到』，很多人懂了卻沒做，將自己鎖在舒適圈裡假裝視而不見，讓財富侷限在自己的小框框裡，一輩子跨不出去！

　　打個比方，從高雄到台北，你聰明的選擇搭乘高鐵，認為高鐵速度夠快，所以花了時間上網研究，知道從哪上車、看懂了如何購票，也找到兩地車站的位置。

　　但你遲遲不出發，你永遠賴在家中的電腦旁，不踏步出門。

　　看懂，只是完成了一半的工作，因為畢竟還沒有實際買票、還沒有搭上車，目的地仍舊遠在十萬八千里之外。所以，看懂是沒有用的，我們應該付諸行動，馬上買票搭車，聰明地藉助工具，才能飛快抵達終點站。

　　絕大多數的人都只到了看懂第一步，就不再前進，滿心以為這樣就足夠了，因為自己已經懂了，就像看人家變魔術一樣，好奇的很多，卻很少有人會實際苦練的。『財富的原理已經聽了千百次啦』，愚笨者總是裝懂，總喜歡抱怨。不知道學→做→教，學只是開始，做是過程，教才是財富大量

湧進最重要的一步。什麼事情都不做，以為不小心聽到一個新觀點，財富就會自動湧現，那是不可能的！

富人的心智地圖與貧窮的人大不相同，執行力更有天壤之別。富人在看懂了後，會馬上採取行動，甚至快速搭上高鐵到達目的地之後，還規劃買張機票，搭飛機到更高更遠的地方。超強的行動力，使富人的腳步更大更快。就是金錢藍圖的不同、執行速度上的差異，致使人們有貧富的差異，於是身處天差地別的世界。

想要脫離貧窮，必須學習富人的心智地圖，從觀念與行動力上，學習富人積極進取的行徑。記住！慢慢做只會快快死！在這一波財富重新分配的浪潮裡，慢郎中註定被淘汰！

本 節 重 點 複 習

1. 一個人的心智地圖，是一張沒有邏輯、走不出來的迷宮；或是方向清晰、目標明確的藏寶圖，決定一個人財富的多寡。

2. 貧窮的人多半想太多了，太多負面的小聲音，關閉了他們行動的能力。缺乏行動力與沒有觀念沒什麼兩樣，下場一樣悲慘，甚至更糟。

3. 想要脫離貧窮，必須學習富人的心智地圖，從觀念與行動力上，學習富人積極進取的行徑。記住！慢慢做只會快快死！在這一波財富重新分配的浪潮裡，慢郎中註定被淘汰！

Business **我的財商指數**

第2節
致富的邏輯

**對那些業障太深的人，老天爺不想給他們大量的財富，
就會故意關閉他們一、兩個財富的主要視窗。**

　　再說一次：財富的到來，是有脈絡可循的。這本書的公式可以讓每個家庭走出財富自由，輕易進入億萬富翁行列。首先登場的公式，也是最重要的觀念：將『負債』轉成『資產』進而『倍增』。我們將透過以下的資產負債表來進一步解釋。

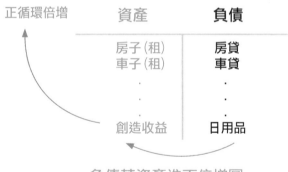

負債轉資產進而倍增圖

　　這張表好像一張魔術帳單。資產與負債分別在圖形的左右兩側分隔線，正巧形成一個T，在資產的上方，有條弧線牽往倍增，這條弧線就是本書的中心思想，現在先讓我們來窺探致富的邏輯。

邏輯一：停止負債式消費
窮人因為沒有購買資產的觀念，造成與富人的差距日益擴大。

《富爸爸窮爸爸》作者羅勃特說：『富人購買資產，窮人只有支出，而中產階級購買他們誤以為是資產的負債。』

負債式消費的定義是什麼呢？

所謂負債式的消費，就是當我們買了一樣東西，錢就沒了，或從你口袋中掏出錢來購買後，錢就不會再回來的消費行為。舉個例子：買一包菸，就是負債式的消費，吸完之後錢就沒了。雖然從功能面而言，它可以滿足某些人的慾望，但就財富概念來說，毋庸置疑地，它就是典型的負債式消費，因為它恰恰符合了負債的定義：買了後，錢就不會再來了！

那麼資產的定義是什麼呢？資產是買了之後能幫你『創造』財富的東西。過去老一輩總認為，房子跟車子都是資產。別說老一輩了，就是現在的人，應該還是有很多人這麼想。然而，房子與車子一定是資產嗎？它真的可以為你帶來財富嗎？

舉車子為例。申請了車貸買了一台車，每個月就被車貸追著跑，同時新車慢慢會變老爺車，折舊、油錢、停車費、

一
題
數
學
解
決
全
球
經
濟
問
題

不定期罰單,若將這些成本計算進去,到頭來,賣掉再也換不回當初以及過程中所花的錢。同理,你認為房子是資產嗎?

貧窮的人之所以會貧窮,最主要的原因就是他們的消費方式。太多人根本不懂負債與資產的定義,很多人買了房子,誤以為是購入資產,馬上跳脫窮人象限,殊不知大把大把鈔票換回的是更多的支出機會。

真正會讓人貧窮的,不是存款簿上的數字,而是人的消費習慣。把金錢放在負債式消費的一方,財富就會像江水滾滾東流,一去不復返。離不開負債式消費,窮人將永遠會在財務的紅字中掙扎、打滾,終至萬劫不復。

本 節 重 點 複 習

1. 富人購買資產,窮人只有支出,而中產階級購買他們誤以為是資產的負債。

2. 所謂負債式的消費,就是當我們買了一樣東西,錢就沒了,或從你口袋中掏出錢來購買後,錢就不會再回來的消費行為。

3. 真正會讓人貧窮的,不是存款簿上的數字,而是人的消費習慣。把金錢放在負債式消費的一方,財富就會像江水滾滾東流,一去不復返。

Business **我的財商指數**

邏輯二：學會購買資產
消費的方式，將決定你是窮人或是富人。

緊接著，我們再來強調一次什麼叫做『資產』，弄清楚了之後，再與負債相對應，相信你會更明白兩者之間的差別。

資產就是買了一樣東西，它還可以幫你『創造』財富，也就是能把外界的錢，持續放進你口袋的東西。同樣的房子與車子，只因為操作方式不同、擁有者的觀點不同，決定它是負債或資產。貧窮的人由於理財觀念不清楚，常常將資產當負債使用。

人們總嚮往名車、豪宅。當我們購入一輛車，就開始為它支付油錢、車貸、維修費、保險費等等；買了一間房子，開始支付房貸、修繕費、裝潢費、房屋稅等等。顯而易見的，買車、購屋的動作讓錢不斷從口袋中流出去，房子與車子成了始料未及的負債。

車子如果自己開，就只有支出，是負債，租給計程車司機收租金，就轉為資產。同樣的，房子自己住，只有支出，是負債，租給人收租金，就轉為資產。想致富，我們一定要學會購買資產，而且不斷購買資產。

那麼，我們該如何將房子與車子轉變成為資產呢？記住，當『租金大於車貸』時，車子就成了資產。這時，你擁有能租出去幫你賺錢的車子當然是越多越好，最好是成指數倍增。同理，房子不要自己住，租出去收取的『租金大於付出的房貸』，房子也成為資產。賺到的錢再買更多的房子幫自己生財。這樣的包租婆故事，在周星馳的電影裡多叫人羨慕！同理，土地不利用，還要繳地價稅，是負債，在土地上頭規劃成停車場或蓋房子會變成什麼？不一定，賣不出去或自己使用，還是負債，但若賣出去或租出去，當『收益金額大於土地的貸款』，就又變成了資產。同樣是花錢消費，但因為不同的做法，讓你手中的財富活了起來。

當我們還沒有購置資產幫你賺錢之前，應該省吃儉用，減少負債式的花費，不論這東西多麼誘人。

一個重要的致富觀念：『當購買或投資一樣東西，因而創造出的獲利大於支出時』，這樣的東西絕對要搶著做，而且大量地做。再一次提到羅勃特觀點，羅勃特清楚點明，富人、窮人與中產階級，三者對於負債與資產，在處理態度上的差異：『富人買入資產，窮人只有支出，中產階級買入他們自以為是資產的負債。』多少人辛辛苦苦買了一棟房子，伴隨而來的是必須揹一輩子的負債。他們用生命換來一棟房子，真不值得。

從這裡我們很清楚可以知道，想要擺脫貧窮，邁入富人世界，很重要的一點是『分清楚什麼是負債，什麼是資產』，學會將負債轉為資產，當你的現金流進入正循環之後，再想辦法增加自己擁有的資產數量。

本 節 重 點 複 習

1.資產就是買了一樣東西，它還可以幫你『創造』財富，也就是能把外界的錢，持續放進你口袋的東西。

2.當我們購入一輛車，就開始為它支付油錢、車貸、維修費、保險費等等，買了一間房子，開始支付房貸、修繕費、裝潢費、房屋稅等等，顯而易見的，買車、購屋的動作卻讓錢不斷從口袋中流出去，房子與車子成了始料未及的負債。

3.當我們還沒有購置資產幫你賺錢之前，應該省吃儉用減少負債式的花費，不論這東西多麼誘人。想致富，我們一定要學會購買資產，而且不斷購買資產。

Business 我的財商指數

_____

_____

_____

_____

邏輯三：不斷將負債轉為資產
將購買資產的觀念，變成像呼吸一樣容易。

　　窮人不是沒有購買資產的『金錢』，是沒有購買資產的『觀念』。因為，唯有購買資產，才能脫離貧窮。

　　老一輩的人告訴我們要『勤儉致富』，於是我們將它視為重要的理財法則，深信不疑並且身體力行，但真正的答案是，這樣的做法在現今的社會根本無法讓人致富。全世界最節儉的就是乞丐了，但為何乞丐連三餐餬口的費用都不夠？而那些花錢從不手軟的富翁，為什麼總是盤據在金字塔頂端？顯然想要躋身於富人領域，並不是光靠節流這麼簡單。富人與窮人之間，仍然存在著巨大的差異性，反映在兩者之間的金錢藍圖。

　　為什麼富人都是那麼闊氣，感覺他們撒錢從不手軟？其實，每個富人背後早累積了大量的資產，他們利用資產不斷創造財富，比起利用生命賺錢的平凡人，財富流進的速度天壤之別，對金錢的使用方式當然也大相逕庭。記住：唯有懂得不斷購買資產的人，才能真正擺脫金錢的束縛，才能有用錢上的自由。其實，懂得理財，如果妥善調整消費方式，用很少的錢就可以創造驚人的利潤。

One for All

富人在成為富人前，會設法將屬於負債的不必要性支出減至最低，並學習如何將負債式的消費轉為購買資產的行動。負債轉資產，是致富的基本動作。記住：將固定的支出轉換成購買資產的投資。

千萬不要落入用勞力與生命換取金錢的惡性循環，你要區分：是你用生命來賺錢，還是你讓錢買走了你的生命？我們應該學會操作工具，購買資產來賺錢，絕不能用生命來賺錢。透過車子幫你賺錢、透過房子幫你賺錢、透過機器幫你賺錢，也可以寫一篇文章，用版稅幫你賺錢。我們可以透過所有方式來賺錢，就是不要狠狠到用生命去賺錢。

記住：工作是為了追求理想。就算你貴為律師、醫生，也不要拿自己的生命賺錢。貧窮人不懂這個道理，以致於洛克菲勒說：『貧窮的人太忙了，忙得沒有時間賺錢。』錢是由購得的資產創造，富人早把購買資產變成一個習慣，讓錢源源不斷地流出。

在這裡你必須判讀，如果你還日夜奔波只為餬口，記住：快購買資產。無法持續性的收入，不能成為你追求的目標。

這句話是什麼意思？如果你正巧是個上班族，仔細想想自己的工作。假若你一年不上班，老闆是不是將你的工時照

常發放？自己在公司的位置是否永遠無法被取代？自己公司是否能永續，以及這個產業在整體環境當中會不會被未來的趨勢淘汰？思考一下《富爸爸窮爸爸》書中提及的B、I、E、S四大象限，你就能明白我想表達的意思了。

千萬不要超時工作，而目的只是為了賺錢。也不要只看眼前的利潤，而是要看長遠的未來。

有一個父親留了一棟黃金地段的小店面，兒子評估獲知轉售店面利潤將有五百萬，如果只是出租店面，租金一個月只有區區五萬。於是他選擇出售，大宴賓客誇耀他如何賺進人生第一個五百萬。

如果我們學過資產的觀念，將這五百萬與五萬放在富人的天秤上，勝出的當然是租金的五萬！因為長期且持續的收入，才是富人努力的方向。但窮人往往在數字關鍵性的抉擇中，做了錯誤判斷，甚至用賺得的五百萬來換得拉風的名車，購買了一個只會造成支出的黑洞。如此的金錢藍圖，在負債不斷增加又失去資產的狀況下，導致人必須不斷透過勞動換取所得以支付負債而喘不過氣。

一題數學解決全球經濟問題

本 節 重 點 複 習

1. 富人與窮人之間，仍然存在著巨大的差異性，反映在兩者之間的金錢藍圖。

2. 千萬不要落入用勞力與生命換取金錢的惡性循環，你要區分：是你用生命來賺錢，還是你讓錢買走了你的生命？

3. 透過車子幫你賺錢、透過房子幫你賺錢、透過機器幫你賺錢，也可以寫一篇文章，用版稅幫你賺錢。我們可以透過所有方式來賺錢，就是不要狠狼到用生命去賺錢。

Business **我的財商指數**

邏輯四：倍增，是身價上億的關鍵
量大，是致富的關鍵；量大而又倍增，是暴富的關鍵。

　　具體實踐了負債轉資產，你的現金流開始進入正向循環。很多人雖然做到了這一步：將負債轉資產，但卻急著將資產創造的財富胡亂消費，比方說拿到了租金開始享受，啟動太多負債式的消費，吃喝玩樂、逛街血拼等，於是永遠無法躋身億萬富人行列。

　　光靠有限資產累積的現金流，要成為一位億萬富翁，恐怕還得花上很長很長的一段時間。該怎麼做，才能縮短成為億萬富翁的時間？答案是靠『倍增』。懂得並做到了倍增，任何人都有機會搖身一變，成為人人羨慕的億萬富翁。

　　首先我們先談談倍增的觀念，一元看起來很少，但是你知道，每天倍增兩倍，十五天之後是多少嗎？是三萬兩千七百六十八元！沒什麼感覺？再經過15天看看，答案是十億七千三百七十四萬一千八百二十四元！很驚人吧？我們再看看另外一個例子，每天閱讀的報紙，看起來是薄薄的一張，沒什麼份量。若將它對摺一次，厚度增加一倍，若將它對摺兩次，厚度增加四倍，可是看起來還是薄薄的，不怎麼有份量。但若是我們持續將它對摺、再對摺，連續對摺

三十一次之後，原本薄薄的報紙，摺合厚度將會高於喜馬拉雅山。連續對摺五十一次之後，報紙的厚度跟地球到月球的距離是一樣的，神奇吧！這就是倍增的驚人威力。

如何身價上億

其實要身價上億也不難，只要透過倍增的力量。倍增是人類第八大奇景，愛因斯坦也說：『複利倍增比原子彈更可怕。』你知道懂倍增對一個人財富上的影響有多大嗎？

舉例：今年是2008年，假設我只開一家陳光邏輯式記憶教育機構，這個機構一個月讓我獲利10萬，七年之後，也就是2015年時，我一個月可以賺多少錢？還是十萬左右，頂多隨物價波動調整。

但如果我現在打開倍增的觀念，先建構出一個可傳承的系統，再找全世界最好的經理人與最好的老師，訂定系統開連鎖分校，自己好好地做管理階層，不需要親自跑場每一間分校，交由系統管理就好了。假如讓系統執行2的7次方倍增，每年倍增一次：第一年增加兩間、第二年再增加四間……，這麼一路倍增下去，到了七年之後，我會擁有254所分校。每所分校一個月幫我賺進10萬，一個月就能獲利2540萬，再經四個月就能身價上億。

　　有時中國字真的很奧妙、很有哲理的。『億』這個字，它的前身，不就是倍增的『倍』嗎 ？想要快速身價上億，最好的方法就是善用倍增的力量。

本 節 重 點 複 習

1. 光靠有限資產累積的現金流，要成為一位億萬富翁，恐怕還得花上很長很長的一段時間，該怎麼做，才能縮短成為億萬富翁的時間？答案是靠『倍增』。

2. 報紙連續對摺三十一次之後，原本薄薄的報紙，摺合厚度將會高於喜馬拉雅山，連續對摺五十一次之後，報紙的厚度跟地球到月球的距離是一樣的，這就是倍增的驚人威力。

3. 『億』這個字，它的前身是倍增的『倍』字 。想要快速身價上億，最好的方法就是善用倍增的力量。

$\mathcal{B}$usiness **我的財商指數**

_____

_____

_____

_____

_____

邏輯五：學會在虛擬世界裡操作倍增

快進入虛擬的網路世界創造財富吧！

別讓你舊有的思維與習慣，成為你財富上的限制。

不管北、中、南，撇開鄉村地區不講，只要是城市，幾乎找不到哪條街上面沒有便利商店的，有時候街頭巷尾各一家，甚至斜角對家還有一家。不論是7-11、星巴克、屈臣氏、金石堂……，這些到處看得到相同的招牌，有個集合代名詞，叫作連鎖企業，其實就是通路系統倍增的案例。撇開他人的案例不談，在這裡我以自身經驗與大家分享。

我長期經營的企管顧問公司所屬陳光數學班系，以前的確有上百家合作分校，許多人認識我是對陳光數學招牌的印象。但網路盛行後，大家猜猜我目前還有幾間分校？答案是：除了總部沒留半家！你心裡是不是有個疑問，如果複製系統、進入倍增真的這麼重要，那為什麼我卻要在這幾年把好不容易建立的連鎖王國輕易結束掉？

這完全是時間點的問題！未來是虛擬通路的世界，實體通路即將遭受前所未有的浩劫，許多實體通路不管業者多麼努力，業績仍然持續向下滑，就像划船一樣，大家雖然拼命搖著槳，但身後竟是尼加拉瓜瀑布！

不用懷疑，聽過亞歷山大連鎖運動王國停業的故事吧？預期實體通路將面臨前所未有的浩劫，所以大約在五年多以前，我就停止狂設連鎖分校的行動，取而代之的是將小型的分校先收起來。為什麼呢？因為消費群眾消費能力減少，未來學習型態將大幅轉變，網路教學將會大興其道。我明白，未來實體通路將嚴重萎縮，不要等到進入惡性循環連環爆後，才開始轉型。

其實，危機就是轉機，網路也造成一個最重要的事實：財富即將重新分配。

網路的興起，促使商業模式改變，帶動財富板塊劇烈移動，跨越階級的洗牌運動，好像經濟上的四川大地震。雖然網路使中產階級的危機浮現，但這未嘗不是所有人翻身的最好機會！在網路世界裡，沒有窮人、富人的分別，大家回歸相同的立足點。也就是說，網路提供給人們齊頭式的平等，只要能洞燭先機，把握決勝關鍵點，在網路上就能大量拓展財富的板塊。

然而，一夕之間結束所有實體通路，是需要勇氣的。但因為已經看到了趨勢的必然發展，這就是第一章裡頭提到的論點：站對位置，主動出擊！網路雖然造成前所未有的變革，讓很多不懂網路世界的人失業，甚至造成更多貧窮的人

口,但對於懂得並執行的人而言,網路卻提供了不花一毛錢就可以身價上億的機會。記住:誰懂得領先法則,誰就站在財富趨勢的頂端。其實,更多人早在危機出現之前轉變,毅然決然地結束實體通路,轉換跑道進入虛擬世界繼續操作倍增的事業。

柔道高手

一個教練向一個媽媽說:『把你的孩子交給我吧!讓我將他訓練成柔道高手』。

媽媽說:『不可能的。因為我的孩子是個沒有左手的人』。

教練說:『相信我,我會給妳一個第一名的孩子』。

一年之後,這個孩子果然得到全世界的柔道冠軍。

媽媽覺得奇怪,問教練是如何訓練出來的?

教練解釋:『柔道致勝技巧的第一條就是:牽制敵人的左手。而你的孩子剛好沒有左手,因此一上場,對手全傻了眼。就在這時,你的孩子一出拳,就打倒了對方。』

想想,無店舖式的通路,是不是就像這個孩子?沒有左手的包袱,也就不需要管銷、成本,更不需做打掃等任何雜

事，集中火力一出拳，實體通路一家家倒下！

本節重點複習

1. 未來是虛擬通路的世界，實體通路即將接受前所未有的浩劫，許多實體通路不管業者多麼努力，業績仍然持續向下滑，就像划船一樣，大家雖然拼命搖著槳，但身後竟是尼加拉瓜瀑布！

2. 網路的興起，促使商業模式改變，帶動財富板塊劇烈移動，跨越階級的洗牌運動，好像經濟上的四川大地震。雖然網路使中產階級的危機浮現，但這也是所有人翻身的最好機會！

3. 網路雖然造成前所未有的變革，讓很多不懂網路世界的人失業，甚至造成更多貧窮的人口，但對於懂得並執行的人而言，網路卻提供了不花一毛錢就可以身價上億的機會。記住：誰懂得領先法則，誰就站在財富趨勢的頂端。

Business 我的財商指數

_____

_____

_____

_____

_____

_____

第３節
換個通路 換出財富

生命中有千萬個機會，我們只要抓住一個，就會成功。

　　過去，將系統建構在實體通路上是正確的。但如果現在才進軍實體通路，那就準備接受空前未有的震撼教育吧！因為網路的出現，徹底改變了消費行為及商業模式。不過即便如此，致富的原理並沒有改變——負債轉資產進倍增，只是我們必須捨棄傳統的實體通路，將系統模組建構在虛擬世界裡。

　　回歸整個經濟史，從農業、工業、電腦，到現在的網路時代，人類歷經多次變動，每次都使得財富重新分配。我們的祖先曾有好多次可以抓牢趨勢、順勢而上的機會，　同樣的，這次，一個活生生的網路契機，出現在你我的眼前！

產消合一金流圖

　　拜網路所賜，我們可以輕易將每一次負債式的消費轉化成創造資產的機會。在上面的圖表裡，可以看到通路、生產者與消費者之間的關係。以前，我們習慣走右邊那條路，買東西上實體店舖。比方說到百貨公司買衣服好了，我們付出去的每一張鈔票，並不是全部進到生產者的口袋，有一半要給百貨公司，一半給傳統通路，過去是再合理也不過的事情了，因為傳統通路有許多無法避免的支出，比方說房租、水電、每個月固定的人事管銷成本……等等。但消費者有沒有想過，如果你在網路上消費就不需承擔這筆花在『實體通路』的支出了呢？

　　在新的理財觀念裡，如果消費者將在實體通路的消費轉成在虛擬通路消費，就可以把一半的錢收回自己的手中。也就是說，原本花了就沒有的負債式的消費，因為你轉換通路，手上便突然多出一筆可運用於購買資產的資金。

　　因為有網路，以往仰賴傳統通路來代銷商品的生產者，可以在這個虛擬世界裡，用極少的成本花費，架構自己的虛擬店舖（也就是網站），消費者只要上網就能買到一模一樣甚至更好的產品。生產者的獲利並沒有減少，仍然是那二分之一，消費者省下的，是原本應該進到通路商口袋裡的二分之一。換個地方買東西，捨棄傳統通路，轉進網路世界消費，再將省下的錢投入倍增，每個人都有機會致富，原理就

是這麼簡單！

　　也許你會問，可是每天都有這麼多人在網路上買東西，但卻不見得人人致富啊！那是因為省下來的錢，一般人多半又拿來做負債式的消費了。問問自己舊有的習慣：同樣是買衣服，百貨公司一件一千，上網買一件只需要五百，你會將省下的五百元花在哪裡？這種時候最能看出窮人與富人在金錢藍圖上的差異，『省下的五百元，換成明天的便當費！』這種想法絕對不符合富人的思維邏輯。

　　那麼富人又會怎麼想呢？『省下了五百元，趕緊將它投資，最好是更大的倍率！』沒錯！原本預計該有的花費，轉換通路就能省一半。將負債轉資產之後，再進入倍增系統就對了！

　　如果你現在還在傳統實體通路打轉，當然想不出個所以然。解套的唯一方法就是結合虛擬通路將負債轉資產進倍增。也就是趕緊轉換消費行為，讓網路幫你節省一半的錢，投入最好的倍增系統。瞭解並進入網路世界，透過倍增的威力，就能大幅改善你的財富狀態。

大師觀點

　　我是數學系出身的。長期以來受數學邏輯思維的訓練，也藉此訓練別人，因此以這樣的角度來剖析事件，是我最擅長的事情，幾乎要成為反射式的本能了。

　　站在數學領域來說，讓系統複製倍增的圖表，是最漂亮的線型圖，很可惜這種概念現在卻被非法吸金的老鼠會，或不當的傳直銷系統，以及強迫推銷的保險員給搞砸了。這些極差的負面印象，影響了許多人的心智地圖，使他們永遠與富有絕緣。

　　別讓自己也成為財富絕緣體，你應該善用數據分析比對。現在你應該做的是抓住趨勢，快速進入網路一日千里的世界，並不斷將負債轉成資產，啟動倍增，當你結合網路建構出一套倍增系統，身價上億絕對不是遙不可及的夢想。

一題數學解決全球經濟問題

本 節 重 點 複 習

1. 在新的理財觀念裡，如果消費者將在實體通路的消費轉成在虛擬通路消費，就可以把一半的錢收回自己的手中，也就是說，原本花了就沒有的負債式消費，因為你轉換通路，突然多出一筆可運用購買資產的資金。

2. 『省下的五百元，換成明天的便當費！』這種想法絕對不符合富人的思維邏輯。富人省下了五百元，會趕緊投資到更大的倍率！

3. 如果你現在還在傳統實體通路打轉，當然想不出個所以然。解套的唯一方法就是結合虛擬通路『將負債轉資產進倍增』。也就是趕緊轉換消費行為，讓網路幫你節省一半的錢，投入最好的倍增系統。

Business 我的財商指數

第④節
負債轉資產進倍增

想不花一毛錢身價上億，應該先問：
什麼是能創造最高倍速獲利又沒風險的投資？

　　以往要致富，必須上班工作，而且省吃儉用地存錢。當努力存到第一桶金之後，上班族才有機會投資藉此翻身！將好不容易存下的錢購買資產，是不是就永遠脫離貧窮了？答案並不是這樣。比方說有人長期靠車子出租讓車子賺錢，可是當網路出現後，有些路已經漸漸行不通了。

　　現在車子不好租了，網路成功取代一切，什麼事情不能e化處理？銀行有網路銀行，要存錢、要轉帳都沒問題；寄信、寄包裹有宅急便，上網預約之後還可以到府收送，誰還要出門？就連吃飯、買菜都可以叫外送，我們只需要在家上網，按鍵按一按，滑鼠點一點，根本不用勞動你親自跑一趟。

　　再來看看包租婆面臨的問題。現在空屋率那麼高，加上店舖式通路急遽萎縮，做生意、開店舖的實體通路關的關、倒的倒，景氣不好幾乎是百業蕭條，當店舖的鐵捲門一家家往下拉，你的錢還要往實體通路裡頭鑽嗎？

好消息是，擁有第一桶金才能成功的魔咒，在網路世界裡徹底被打破了。當然，這件事情在窮人與富人眼中，會形成不同的判讀結果。

窮人會說：『糟了！那就算我千辛萬苦存到錢也沒用，乾脆及時行樂吧！』

富人則想：『不用第一桶金？那我需要什麼？是什麼取代了第一桶金？我的機會在哪裡？』

這裡，我提出我在這本書最想分享的觀點：任何人都能不花一毛錢身價上億！在過去的環境，讓我們習慣了『致富必須要有籌碼』這種邏輯，資金往往就是關鍵籌碼，有了錢才能投資，才能錢滾錢。這樣的話也許大家都聽到耳朵長繭了，但拜網路發達所賜，現在要致富，可以不花一毛錢，靠電腦、靠網路，只要懂得如何運用，你一樣可以身價上億，坐擁持續湧入的財富。網路，讓你不需要人生的第一桶金，達到真正的0元致富。

管理學巨擘——彼得·杜拉克與韓國總理對談時，韓國總理曾提出一個問題：『韓國的未來在哪裡？』彼得·杜拉克只回答兩個字：『網路！』就離開了。如果我們結合網路將負債式的消費轉為資產式的消費，也就是將我們原本每天都必須要使用的日常生活用品，比如每天都要洗澡、洗手、

刷牙……等，在這一連串不可避免沐浴乳、肥皂、牙膏、餅乾、罐頭、日用品……等支出，全都轉換跑道到網路消費，於是就省下原本預計給實體通路的一大筆錢。

從負債與資產的邏輯來看，日常生活用品無疑是最大的負債。看到負債兩個字，請你直覺地聯想到：負債轉資產，等你擁有這樣的金錢藍圖，致富就近在眼前，因為這是富人心智地圖中最重要的運作模式。日常生活的必要開支，就像破掉的杯子，再怎麼努力，水也裝不滿，就像你再怎麼汲汲營營，也沒辦法將錢留住，既然這樣，就想個辦法把破掉的杯子補起來！

原本我們習慣去大賣場（傳統通路）購買這些日常生活用品，付出去的錢，只有一半屬於生產者，另一半則用來支撐大賣場的營運。從今天起，我們能從不需要人事管銷、不需要房租水電的網路（虛擬通路）買到相同的物品，並將一半的錢拿回來。等等，別急著放入口袋，快速致富的關鍵裡，倍增是最重要的，趕緊將省下的錢投入倍增。簡簡單單的一條路，跨兩步就能讓你進入富人殿堂：

第一步：負債轉資產。

第二步：將資產投入倍增。

　　總之，先把破掉杯子補起來，接著再透過倍增系統，讓財富噴出。現在你已經懂得怎樣不多花一毛錢致富：只是將日常用品的負債式消費轉為資產再進倍增。只要你懂這個概念，任何日常花費都可套用。比如愛看書的人，最大支出也許就是買書，到網路上購買就省下一半的費用；家有狗寶貝的人，可以試著換個地方買狗食，再將省下的錢丟入倍增市場。別懷疑，以下的章節告訴我們：就連將狗食換通路這個動作，也可以讓你輕易致富！

本 節 重 點 複 習

1.擁有第一桶金才能成功的魔咒，在網路世界裡徹底被打破了。

2.如果我們結合網路將負債式的消費轉為資產式的消費，也就是將我們原本每天都必須要使用的日常生活用品，比如肥皂、牙膏、餅乾、罐頭、日用品……等支出，全都轉換跑道到網路消費，於是就會省下原本預計給實體通路的一大筆錢。

3.簡簡單單的一條路，跨兩步就能讓你進入富人殿堂：
第一步：負債轉資產。
第二步：將資產投入倍增。

Business 我的財商指數

第⑤節
換狗食都能身價上億

你不知道並不代表不存在，它只是在你的世界裡不存在。

你相信養狗的人只要願意換個消費通路，也可以輕鬆成為億萬富翁嗎？

『結合網路換掉狗食，拒絕中間通路的剝削，把二分之一的錢拿回來，再分享給愛狗人士，創造倍增的力量』。沒問題，就這麼辦！當所有養狗族群都知道要這麼做時，將造成狗食在實體通路的大地震！

請仔細做這題數學題目：

以養狗者每個月狗食兩千元為計算基準，簡單轉換消費通路，每個月就可拿回一千元。如果你把這樣的觀念，說明給五個養狗的朋友聽，也請他們分別再教會另外五個養狗的人（別擔心，把負債轉資產這種理財觀念，是每個人都需要知道的，就算朋友短時間之內不懂，總有一天會接受）。簡單的知識傳播，就可啟動財富上的倍增。

我們設定它是5的7次方倍增好了。執行數學算式上的5的7次方：你只要教會五個人將『狗食這個大負債轉成資產』，讓他們分別再告訴自己另外的五個朋友，大家分工合

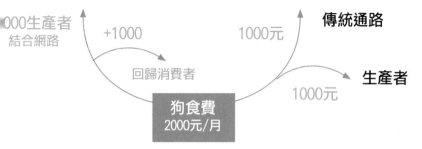

000生產者
結合網路

+1000

1000元

傳統通路

回歸消費者

1000元

生產者

狗食費
2000元/月

1000元

換個通路，換出財富

作，將正確的理財觀念傳遞下去。不久之後，參與負債轉資產的，就有『5的7次方』等比級數這麼多人。

5的7次方等比級數究竟有多少人。答案是5＋25＋125＋625＋3125＋15625＋78125=97655那麼多人！一個人從大賣場拿回一千，兩個人拿回兩千……，大賣場將因為一個人決定發動倍增——簡單告訴並教會五個人，因而一個月在狗食部分足足少了約97655000（約一億）元的收益！

說得清楚一點。養狗的人一個月花兩千元買狗食，換個通路省下一千，如果沒有轉投資，直接放在口袋裡，這種小錢或許沒什麼感覺。但如果透過人際網路造成倍增呢？簡單地將致富原理傳播出去，以5的7次方為例，一天找到五個養狗的人，接著他們又在一天內分別找到五個人，同樣教會他們……，依此類推，七天之後會發生什麼事情？

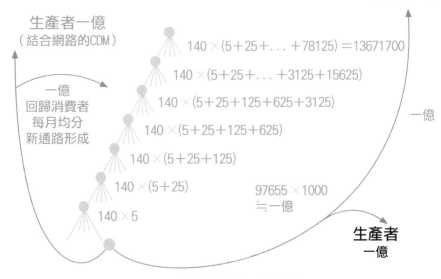

傳統通路

生產者一億
（結合網路的CDM）

$140 \times (5+25+\ldots+78125) = 13671700$

一億
回歸消費者
每月均分
新通路形成

$140 \times (5+25+\ldots+3125+15625)$

$140 \times (5+25+125+625+3125)$

$140 \times (5+25+125+625)$

一億

$140 \times (5+25+125)$

$140 \times (5+25)$

97655×1000
$\doteqdot$ 一億

140×5

生產者
一億

集體產消合一金流圖

　　5的7次方級數總和是97655，但受到影響，一起致富的可是樹狀圖裡所有家庭的總和。這道題目教的不是加法，而是指數關係。誠如愛因斯坦所說：『複利倍增比原子彈更可怕！』你看到的樹狀圖，就是足以讓你快速致富的倍增系統！

　　這97655人，原本該去大賣場，但他們不去了。所以七天之內，大家集體省下原本要給大賣場的一億元。理論上如此，但實際溝通的狀況是：有90%的人出現疑惑，這些傳統的消費者習慣走進大賣場，他們心想：『價錢一樣，而且我習慣在這裡消費』。當你也選擇這麼做，你已經與0元致富

無緣，離開富人的殿堂了！

　　富有的人不會抗拒轉變，他們會問原因，試圖尋找財富的解答。他們會思考：一樣付出2000元，原本要給生產者的1000元不變，而原本屬於傳統通路的1000元，透過了網路省下來。接著再思考如何讓它進入倍增系統，也就是將負債轉資產進倍增。

　　剛剛說過5的7次方，是透過人際網路建構起來的虛擬通路，此時我們維持這個隱形通路的暢通，運用原本屬於傳統通路的一千元，平均給七個層級裡的人，每人都得142.8元（約140元），請問一下，誰得到最多個140元？是最初始的傳播者。誰得到最少140元？最下面的觀念接受者。傳播者與接受者的差異是什麼？兩個人都一樣花了1000元，不一樣的是傳播者『率先』告訴並教會五個人，因此，如果接受者也能試著將致富法則傳播出去，他就能變為另一個隱形通路的傳播者，自然能得到更多個140元。

　　從數學算式上來看，最下面的人得到5個140元，倒數第二層的人得到（5＋25）個140元，依此類推，建構出這個虛擬通路的人，會得到97655個140元，也就是他因為率先將這個觀念傳遞出去，因此得到每個月97655×140，約等於13671700元的利益。

這符合彼得‧杜拉克說的：『下一個世紀的財富，將湧向知識傳遞者與知識實踐者。』趨勢的轉變勢在必行，無論你接受與否，未來的世界肯定會產生這樣的變化，你擁有決定權，是選擇被潮流淘汰，或跟緊潮流，或者是操控它。網路蓬勃發展，人人最後必然成為虛擬通路中的一份子，你要當那個最末端的接受者，還是那個將致富原理散播出去，成為掌握倍增系統的傳播者？

花一天的時間找到五個人，教會他們，讓他們再去教別人，等到明天就會變成二十五個人，這不就是我們原先說的連鎖理念，就像在開店一樣啊！模式的確相同，但是實體店舖總有許多不可避免的成本與諸多限制，比方說店舖總有打烊的時間，龐大的人事、租金等成本，但這些問題對虛擬通路來說，通通不存在。你甚至可以在公車站牌下進行理財知識傳遞，前題是對方必須是『對』的人，因為對的人才聽得懂，對的人才願意繼續傳遞下去。

相信一定有人會問，按照這樣的說法，我們豈不是每個月都要花2000元去買狗食嗎？這就是這題數學的迷思。你可以馬上就不用再每個月花錢在狗食上了。當你今天告訴五個對的人：『把這一千元的負債式消費轉為資產。』，那麼按照公式，你會得到大賣場少掉的140×5＝700元，這五個『對』的人，明天會分別找到五個人，總共會又多出二十五

個對的人，你將獲得（5＋25）×140元＝4200元，然後不僅你家的狗狗吃飯不用錢，所有聽懂這題數學理論，而且執行理財知識分享的人，之後也都不用花錢在狗食上了。這就是將負債轉為資產，而能不能進入倍增，關鍵其實是在於你是否能找到『對』的人，以及你會不會教。

這是個簡單的數學邏輯，可惜窮人只老想著他花出去的兩千元，失去了身價上億的機會。只要看得懂這個觀念，甚至你不會說也沒關係，因為你只要跟朋友分享這本書的內容，或者結合一個很會教的教練，讓他幫你引導你的朋友。

在網路的虛擬世界裡，你不必再苦思資金，只要身體力行負債轉資產進倍增，實際行動就成了！最後，有三個觀點我們必須先釐清：

一、這題數學傳遞的是知識、是致富方法、是教人聰明理財。因此不需推銷販售商品，不類似傳直銷本質。

二、除了狗食，這題數學的觀念可以套用在任何商品上，養狗的人選擇換掉狗食；買書的人換個地方買書，就連天天用的衛生紙，網路都能幫你轉成資產！

三、任何人都可以輕輕鬆鬆地達到身價上億的目標，就算是路邊做生意的小攤販、弱勢團體都可以。

如果你生活拮据，別奢華地購買賣場的日常生活用品。檢視一下生活中，絕對有許多負債式的消費，可利用網路讓負債變資產，接著別忘了投入倍增吧！

本 節 重 點 複 習

1.愛因斯坦所說：『複利倍增比原子彈更可怕！』

2.富有的人不會抗拒轉變，他們會問原因，試圖尋找財富的解答。

3.彼得杜拉克說：『下一個世紀的財富，將湧向知識傳遞者與知識實踐者。』

*B*usiness 我的財商指數 ⭐⭐

第**6**節
財富觀念進階：集體產消合一

財富知識一旦到位，經濟狀況將因此改變。

　　將日常生活用品從負債角色轉為資產再進入倍增，就有機會身價上億。也許你會問，如果這麼簡單，為什麼以前的人不做呢？以前的人不是不做，而是沒有機會做，因為，以前沒有網路！如今，我們可以透過網路讓負債變資產，這是本世紀的創舉。

　　要身價上億，還有一個同樣不多花一毛錢而且更快的方法。舉例說，假如你預計在未來五年內，會被傳統大賣場賺走四萬五千元，如果我們轉成到虛擬的網路購物，這些預期被賺走的錢就會被省下來。我們大可把這未來預期被省下的四萬五千元一次提領出來與聽的懂得朋友進行倍增。簡單執行3的N次方等比級數，現金流將會大量冒出來，很快就能月入百萬。之後再到網路上消費，實現價差。很神奇吧！這好比先有雞？先有蛋？人們聰明運用網路預佔消費市場，這行為聰明得好比國王的新衣，有時真的是只有智慧者才看得見。

　　其實，西元1980年，托佛勒博士早已率先提出產消合

一的概念：生產者直接與消費者連結，避開中間通路商的剝削，創造彼此更大的利潤空間，貼心回饋給消費者。回想一下前面曾提過的V字圖像。一直以來，消費者習慣的購物模式是，買東西必須同時付錢給傳統通路商與生產者。習慣了這樣的分配，也習慣了被一層層的剝削。即便經濟不景氣，消費者仍趨之若鶩。但網路的出現，徹底扭轉這些觀念。網路讓消費者獲得產消合一的機會──生產者與消費者合而為一，聰明的消費者知道如何把握機會，不再被剝削。

聰明的消費者拒絕被剝削，於是利用網路這個新興通路，將負債變資產。但是更聰明的人，除了懂得產消合一，進一步讓資產進入倍增，爆炸成亮眼的獲利，還把這樣的模式建構系統。看到差別了嗎？聰明的人利用網路省錢，更聰明的人發動人潮，利用網路建構通路倍增致富，這就是集體的產消合一。

另一個致富的重要關鍵是懂得分享──Share。記住：在知識經濟時代裡，財富將湧向於知識傳遞者。富人樂於分享，創造群體的最大利益。

今天，你讀了這本書，成功轉換了自己的金錢藍圖，知道將負債轉資產進倍增，你摩拳擦掌，準備好好運用這把鑰匙，打開致富的大門……很抱歉的是，我必須告訴你，這把

鑰匙你是拿到了沒有錯，甚至都插進鑰匙孔了，但是你打不開它！光靠你一個人的力量是辦不到的，害怕或私心會讓你手上的鑰匙變成廢鐵。你必須敞開心胸，將致富法則告訴更多人。

　　Share，是本世紀打開致富大門的密碼。消費模式變了，經濟模式、商業模式……通通變了，但財富原理不變，仍然在世界的各個角落活躍地運作。想成為富人真的不難，讓自己脫離貧窮更是義務。我常說，貧窮是一種罪惡，它造成人類之間的互相掠奪，為世界帶來悲劇。照理說，人類應該有足夠的智慧可以避免貧窮，孔子筆下的大同世界，透過你我的努力是可以成真的。網路消費不僅能夠省錢，還能讓人致富，除了網際網路之外，還包含人際網路──集結眾人的力量，其結果不是相加，而是威力更大的倍增！

本 節 重 點 複 習

1. 假如你預計在未來五年內，會被傳統的大賣場賺走四萬五千元，只要學會轉換通路，我們大可把這預期被省下的四萬五千元先提領出來與聽得懂的朋友進行倍增。這好比國王的新衣，只有智慧者才看得懂。

2. 網路讓消費者獲得產消合一的機會──生產者與消費者合而為一，聰明的消費者知道如何把握機會，不再被剝削。

3. 在知識經濟時代裡，財富將湧向於知識傳遞者；富人樂於分享，創造群體的最大利益。

$\mathcal{B}$usiness **我的財商指數**

第⑦節
口袋決定在親友的腦袋

你未來的財富是周遭五個最親密朋友的平均值。

從小到大，周圍親朋好友給你的有形、無形的影響，不斷定下你大腦中的金錢藍圖。

如果今天你看到這個非常嶄新前衛的理財觀點，想把這個觀念與父母分享，結果父母告訴你：『不要想那麼多，安份唸書、努力工作比較實在，腳踏實地就對了！』嚴格說來，父母這麼說並沒有錯，但錯就錯在，人在不讀書、不進步的狀況下總是下意識地拒絕、排斥不熟悉的新觀點。

於是你轉向，尋求同儕的認可，如果這時候，你找到的是觀念守舊的人，對方也質疑你表達的新觀點。倘若你因此失去判斷力，那麼一切都結束了，富人殿堂與你擦身而過。因為你拿到了鑰匙、找對了門，卻沒有足夠的勇氣或支援開啟它。

但若是你的朋友認同你的想法，你就有了適當的激勵與鼓勵，情況便會截然不同。周邊親友的話幫助你勇於跨出執行的第一步，離致富殿堂自然就更近了些！所以說，你的財富，不就是周遭朋友財富的平均值嗎？他們是積極或消極、

衝動或保守、前衛或傳統、愛學習或不愛學習，都足以影響你的一生。

　　所謂『物以類聚，人以群分』。富人周圍環繞的朋友，往往也都有一定的理財水準。因此，記得找到正確的人做為你的夥伴。唯有與『對的人』生活，才能縮短你得到財富的時間，並放大豐碩的收穫。請記住這樣的理論：『在往後的日子裡，選擇與好學的朋友相處』，你不僅能得到印證，也肯定會受用無窮。

大師觀點
Point of view

別把孩子教窮了

　　致富觀點的中心思想，其實並沒有太複雜高深的道理，甚至只需要一堂課的時間，就能讓大家通通學會，但為什麼世界上還是存在著貧窮？問題就出在教育！

　　前面曾經說過，人一生的財富，將是你周遭親友財富的平均值。但是從小到大，父母教過我們多少理財的概念？有幾位老師曾經教你怎麼致富？大人除了對你說賺錢不容易，要省點花，要節儉，可是你想：全世界最節儉的不就是乞丐嗎？我們很少看到乞丐因節儉而致富的呀？大人的觀念真的正確嗎？

90%的父母都是《富爸爸窮爸爸》書中描述的父母，他們不厭其煩地告訴孩子：『你要好好讀書，有好的學歷文憑，才有好的未來，才有機會進入好公司工作，過比較好的生活。』父母總認為，努力工作才是腳踏實地。或許二、三十年前，這樣的說法還算對，但到了網路世紀，真相是我們連要踏的那塊E象限的地都沒了！

但對大多數的父母來說，網路建構的虛擬世界是遙遠、陌生、模糊的，面臨新世代的刺激與轉變，他們自己就已經是驚弓之鳥、不知所措了，只好也只能不斷反覆，利用過去的經驗，教導下一代面對未來的生活。殊不知，上一世紀成功的經驗，往往是下一世紀失敗的原因！

本 節 重 點 複 習

1. 人在不讀書、不進步的狀況下總是下意識地拒絕、排斥不熟悉的新觀點。

2. 你的財富，是周遭朋友財富的平均值嗎？他們是積極或消極、衝動或保守、前衛或傳統、愛學習或不愛學習，都足以影響你的一生。

3. 記得找到正確的人做為你的夥伴，唯有與『對的人』生活，才能縮短你得到財富的時間，並放大豐碩的收穫。

一題數學解決全球經濟問題

Business 我的財商指數 ✦✦

第二章　如果狗都比我們會賺錢

第 3 章

億萬富翁
破解密碼

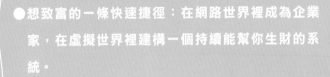

●想致富的一條快速捷徑：在網路世界裡成為企業家，在虛擬世界裡建構一個持續能幫你生財的系統。

●別把固定的、僅有的雞蛋拿去做高風險的投資，省吃儉用捉襟見肘的度日，只換得一個遙不可及的億萬春夢。記住：要靠投資身價上億，就要承受莫大的風險，世界上當然沒有穩賺不賠的美事。

●窮人不是沒有投資的金錢，是沒有購置資產的觀念。他們的錢不僅有限，而且是拿命換的，是拿來求生存的。因此，錢等於是他們的命！

●人一生的財富，將是周遭朋友財富的平均值，聰明的人知道一定要與成功的人合作，拉高財富平均值，千萬不要在不對的人群裡打轉，互相拉低財富的平均值。

第 *1* 節
轉進 B 象限

不是全家人都要懂，一個家庭只要有一個人理解並執行，這個家庭就得到財富自由。

當買了車子租不出去，店舖式的實體通路又面臨崩盤……，越來越多的『此路不通』被驗證，到最後，想致富只剩下一條捷徑，除了轉進屬於富人的 B 象限，還要是未來世界的 B 象限：在網路世界裡成為企業家，在虛擬世界裡建構一個持續能幫你生財的系統。

在踏入 B 象限之前，先讓我們來研究一下，什麼叫做 B 象限？B 是 Business 企業的縮寫，企業的真正意涵是建構並複製系統！只要能成功建構出一個系統，再將它源源不斷複製下去，身價上億就不是一句夢話。系統就像古文典籍中傳

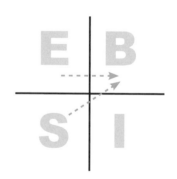

說的金雞母、聚寶盆，是會持續不斷地湧現財富的機制。不過聚寶盆並不是永生不滅的，它也會有故障秀逗的時候，而且如果脫離趨勢潮流，那麼它更有可能就此瓦解。

　　台灣數一數二的富商郭台銘，一手打造企業王國 ── 鴻海集團，這就是他建構出來的系統，並沿襲系統而複製出子公司：鴻準、群創等，每家都幫郭董帶來數百億資產。研究郭台銘成功的案例：原先在萬華發跡，經營重點以鋼模射出，也就是模具製造起家的普通工廠，但因為當家主事者有足夠的遠見，看準未來趨勢的發展，於是進一步帶領工廠轉型，切入電腦市場，為大廠IBM等製作轉接頭，別看輕這枚小小的轉接頭，靠著這看似不起眼的小零件，可是創造出一個台灣首富唷！

　　人類經濟模式一路從工廠發展到電腦、網路時代，將其拿來與鴻海的茁壯歷程相比對，我們可以得到兩項結論，第一是在前面幾章我們一再反覆提及的重點，抓住趨勢，站在對的位置，第二個結論則是創造系統，讓系統有效運作並複製。依此類推，只要抓對網路時代的趨勢流向，建構能複製的系統，人人都有機會成為億萬富翁。

本 節 重 點 複 習

1.想致富的一條快速捷徑：在網路世界裡成為企業家，在虛擬世界裡建構一個持續能幫你生財的系統。

2.系統就像古文典籍中傳說的金雞母、聚寶盆，是會持續不斷地湧現財富的機制。

3.抓對網路時代的趨勢流向，建構能複製的系統，人人都有機會成為億萬富翁。

Business **我的財商指數**

槓桿操作I象限

放棄過去對財富的無知，才能與億萬富翁走進致富的殿堂。

　　想要成為億萬富翁，最快、最棒的方法，就是在網路世界裡建構並複製系統。不僅成本少，而且倍增迅速。但不是建構完畢便算了事，當系統賺到了錢，千萬別讓錢睡著了，接著請重覆建構B象限的動作，或槓桿操作I象限——投資理財。

　　先創造B象限的系統再進入I象限，這樣的邏輯順序有一定的道理，可是一般人卻誤以為，可以直接從窮人象限E或S直接轉進I象限，其中又以炒股票、買基金為最常見。有些人認為，只要把錢放入股票市場就是投資，希望藉由投資而獲利，以為利用錢滾錢，股價翻身漲成10倍、20倍，馬上就會有數不盡的財富從天而降。天下真有這麼好的事？但最

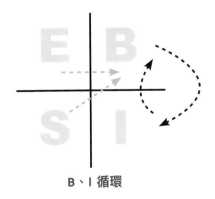

B、I 循環

後的結果往往是——偷雞不著蝕把米，股票市場連本帶利把很多投機客的錢吃得精光。

有些人天真地以為買張樂透中頭彩就能身價上億，醒醒吧！這個時代，能讓你翻身，而且不花一毛錢就有機會的是『網路』，這簡直是從天上掉下來的禮物。前人已經幫我們架好光纖寬頻，拉到每一個家庭裡，接到每一台電腦上，每一部電腦就等於一家店舖。在網路世界裡，我們可以省下實體通路裡需要分攤的龐大花費。在網路上，我們也享有更多免費的服務，這足以聚集來更多的消費族群，充滿著無限的商機。

要學會B象限與I象限的槓桿操作，首先，我們可以先討論一下赫赫有名的股神巴菲特。巴菲特到底屬於B象限還是Ⅰ象限？這麼說好了，巴菲特所花錢購買的，『是經營者的盈餘』。他在股票下跌的時候，選擇好的公司去收購它的股票，甚至入主他們的公司，讓這間公司成為為自己生財的金雞母。瞭解這樣的運作模式嗎？股神巴菲特是把金錢當工具，進而購買對方的系統，系統經營者的盈餘才是他真正的獲利，在B、I象限不斷循環操作，創造巨大財富。

這種邏輯與一般喜歡殺低買高的投資客是不是有天壤之別？再者，無論是E或者是S，由窮人象限企圖直接挑戰I象

限，過程與結果通常都是狼狽的。你能想像一個人手上只有幾個雞蛋，為了想要致富，走在風險很大的路上，如果沒注意道路上有顆小石頭，就這麼絆倒了。而現實面最悲慘的是他懷裡那僅有的雞蛋也破了！為什麼要讓自己有機會成為悲劇主角？每個人都可以有更好的選擇啊！

　　別把固定的、僅有的雞蛋拿去做高風險的投資，省吃儉用捉襟見肘的度日，只換得一個遙不可及的億萬春夢，這樣豈不可悲？或因此而人生敗在一顆小小的石頭上，豈不荒謬？畢竟要靠投資身價上億，就要承受莫大的風險。世界上當然沒有穩賺不賠的美事，但世上有太多相信憑運氣、想靠一張彩券致富的傻子，否則，彩券業不會如此蓬勃。據統計，就算幸運地中樂透而身價上億的人，不到七年光景，還是會回到原貌。是什麼讓他們打回原形？是金錢藍圖。富人與窮人的金錢藍圖明顯的差異，富人會把所有心思放在架構系統，窮人想東想西汲汲鑽營！但令人感到遺憾的是，全球大概只有5%的人具有建構系統的觀念，致使現今世界上絕大多數95%的財富，集中在絕少數的5％的人手上。

一題數學解決全球經濟問題

本 節 重 點 複 習

1. 當建構出系統在B象限賺到了錢，千萬別讓錢睡著了，接著請槓桿操作I象限——投資理財。

2. 股神巴菲特是把金錢當工具，進而購買對方的系統，系統經營者的盈餘才是他真正的獲利。

3. 別把固定的、僅有的雞蛋拿去做高風險的投資，省吃儉用捉襟見肘的度日，只換得一個遙不可及的億萬春夢。記住：要靠投資身價上億，就要承受莫大的風險，世界上當然沒有穩賺不賠的美事。

𝓑usiness 我的財商指數 ★★

第 3 節
改變心態 窮人翻身

致富的第一步，是學習將部分生活負債式的消費轉為購買資產的消費，窮人如果連第一步都走不出來，只好貧困潦倒終其一生了。

這是一個多麼美好的世紀，如今我們想成為億萬富翁要比爺爺奶奶的年代簡單太多了。網路提供我們前所未有的機會，不需要投資成本，不需做太多雜事，只需要將負債式的消費改變為資產式的消費，告訴更多人這個觀念啟動倍增就能快速致富。這麼明顯的原理，奇怪的是，窮人永遠聽不懂。

假使理論的傳遞這麼順利，那一切就太完美了！這麼一來窮人將會絕跡，這就是我們期待已久的無貧世界到來。但問題就出在窮人的心智地圖、金錢藍圖。如果大家都這麼容易溝通，這個世界就不會有這麼多因為貧窮而衍生出來的悲劇。

窮人不是沒有投資的金錢，是沒有購置資產的觀念。他們的錢不僅有限，而且是拿命換的，是拿來求生存的。因此，錢等於是他們的命！

有些時候窮人窮是因為真的是太會算計了！

　　一名上班族快遲到了，本想坐計程車到公司，在他舉手招攬計程車之際，一台公車轉彎出現在他眼前，於是他跳上了車。

　　下車時他摸摸口袋，竟然只有50元的銅板。公車是不找零錢的，他只好心不甘情不願地將身上的硬幣50元丟進錢桶。你知道發生什麼事嗎？一整天，他都只想到他多花了35元（50元－票價15元＝35元），而忘記了他省下來的40元（一趟計程車車錢90元，計程車90元－公車50元＝40元）

　　我相信你我都看出了這個上班族的金錢藍圖。許多人的思考邏輯都跟故事中的這名上班族一樣，習慣以眼前的利益來評價事物。更多人也犯了對金錢數字的迷思，例如坐計程車時，只注意到計價表5元又5元地跳，卻沒有計算過百元車資的背後，節省了多少開車的勞務成本，能為自己創造多少價值。這些時間成本與勞力成本的節省，也許讓你趕上一場重要會議，在無須煩惱舟車勞頓的過程下進行更精密的思考，或因此能思緒清晰談成一宗更大的生意。

　　時間是有價的，財富就在你如何實現生命的價值。

　　有些人的想法就是這麼地可愛又可悲。老闆給你1000

元，會拿去買吃的給孩子吃；如果加薪2000元，會想買一些好吃的給孩子吃；有1萬元，會想好久沒買新衣服給孩子穿；有了10萬元，會突然想買一台二手車開開；有了100萬元，就計畫買房子，就算要揹一輩子房貸也沒關係。因為在他們的感受上，自己因為努力有了房產，任勞任怨沒有關係，對他們而言，看得到、摸得到的東西越多，表示自己越有錢。

當窮人為自己購買了一台新車而沾沾自喜，卻一點也沒有想到，這是他擴大支出的開始。而且拿去買車的不只是錢，而是機會成本，他將致富的母金用掉了。窮人買東買西，何時才會注意到購買資產幫自己賺錢？也就是說，窮人缺乏的不是投資的金錢，而是購買資產的概念。

在這一世紀裡，想要成功，早已不需要投資金錢，需要的只是觀念的更新與突破！這種時候，若還有人不願轉念，不願順應趨勢，他將面臨的不只是失敗，而是徹底被淘汰。舉我們前面說的『換掉狗食』的通路為例，如果很多人只看得到他換了通路仍需花費的2000元狗食，卻沒想到這是他原本就應有的花費，更沒想到交換通路之後換成資產能帶來的龐大利潤，這就是貧窮的劣根！

本 節 重 點 複 習

1. 網路提供我們前所未有的機會，不需要投資成本，不需做太多雜事，只需要將負債式的消費改變為資產式的消費，告訴更多人這個觀念啟動倍增就能快速致富。

2. 窮人不是沒有投資的金錢，是沒有購置資產的觀念。他們的錢不僅有限，而且是拿命換的，是拿來求生存的。因此，錢等於是他們的命！

3. 時間是有價的，財富就在你如何實現生命的價值。

$\mathcal{B}$usiness **我的財商指數**

第④節
聰明地架構虛擬通路

找對的人上車，不對的人下車。

今日的世界是網路的天下。網路又可分為兩種，一種是人際網路，一種是網際網路。聰明的人正在槓桿操作這兩種通路。網際網路我們已經相當熟悉了，現在來討論人際網路。

富有之人看到一個人，看到的不只是眼前的單一個體，他還算得出這個人背後經過轉介紹認識的族群。以5的7次方為例，透過客戶的轉介紹，1生5，5生25，很快的你就能集合（5＋25＋125＋625＋3125＋15625＋78125＝97655）將近十萬個客戶。這一道小學生都會做的數學：5的7次方等比級數總合，如今能運用在人際網路世界裡快速的建構通路。因此，創造能讓朋友為你傳播的價值，而且，97655這個數字已經算是保守估計了唷！隨便掐指算算，周圍的親朋好友，怎麼算也不只五個人吧！而你的親朋好友，當然也分別有各自的人際圈，集合每個人背後的力量，善用人際網路就能啟動倍增，並因此而快速建構人際網路快速致富。

在以前，你也許不覺得人際網路有什麼特別重要。事實上，過去的時代，人際網路的應用範圍的確不廣泛，而且曾

一度被老鼠會給濫用了。但時代不同，大學裡常修的就是人際網路的課程。容我再一次強調，網路給了我們致富的契機，你只要透過分享理財觀念，在知識經濟的時代裡，每個人都可以不花一毛錢輕鬆身價上億。（我計畫寫下一本在大陸出的書：《0元致富》。）

倍增人群已經很厲害了，但如果你的目標是倍增人才呢？你可以簡單的找到五個人才（當然，要在對的地點才能找到對的人），1生5、5生25……，連兩顆原子的碰撞都可以產生十三萬噸的黃色炸藥威力，更何況是97655個人才彼此之間的碰撞呢？

我永遠認為：貓的朋友是貓，狗的朋友還是狗，我們很少看到貓跟狗走在一起的。所以透過人際網路聚集群眾，一開始吸引的第一批朋友，他們的素質就很重要。在企業管理也提到：人、財、物，人是企業決勝的關鍵。第五項修練更鉅細靡遺地強調：一開始就要找對的人上車，不對的人下車，這對於一個組織團隊將有極深遠的影響。

我們可以按照這個公式操作人際網路的架構：

$$K=(PTI)^S$$

K：Knowledge，指知識經濟裡運用知識能創造出的財富

P：People，找對的人上車，不對的人下車

T：Technology，運用科技，如DVD等記載團隊之智慧與核心
　　價值

I：Information，精準地抓住貼近趨勢的資訊

S：Share，不斷分享與傳遞

筆者註：觀念引發於勤業眾信管理顧問出版《知識管理的第一本
　　　　書》（作者Arthur Andersen，譯者劉京偉）

　　在知識經濟的時代裡，要成功、要快速致富，必須先找
到對的人，才能集合企業人才。永遠記住：找到對的人，
『請對的人上車，不對的人下車』，領導人在用人哲學上先
應用這樣的魄力，才能建立出團隊的共同核心價值與使命，
再運用科技記載並複製倍增。一群人透過科技把資訊不斷做
最高速度的傳遞與分享。

　　誰能將它散播得越快、越遠、越廣，那麼最後獲得的財
富K值就會以更高的倍增速度呈現。（請注意：這裡的S分
享，不是單純的加、乘，而是S次方的倍增）

　　發現其中真正的奧秘了嗎？21世紀，能不能致富再也
與資金多寡無關，而與你的經濟知識有關，與你的人際網路
（人才網路）有關，以及與你願不願意分享傳遞有關。誠如

彼得‧杜拉克所說：『如今，財富將會大量湧向知識的傳遞者與知識實踐者。』

將所有過程去蕪存菁到最簡，你現在就可以邁出拯救貧窮的第一步，同時也是致富的第一步。你只需要告訴別人，今天讀了一本書，裡頭說到，一題數學解決全球經濟問題裡的一個公式：

$$K=(PTI)^S$$

但要記得找『對的人』共構系統，想要創造偉大的事業，你要的是人才？人物？還是人渣？集合人才，運用科技的分享，不停地將資訊分享出去，越分享，財富就越多。在這個『連換狗食都可以身價上億』的時代裡，真正要做的，只是知識的分享。在知識經濟時代裡，沒有人會因為分享理財知識而受到傷害，也沒有人會產生損失。只是交換通路，省下養大賣場的成本，透過集體的倍增，拿回中間通路長期剝削的錢。就算是共構系統中的最末端，也是以同樣的價錢購買，甚至可以自成一格，尋找產品再複製系統。

總之，這一個世紀，誰擁有人際網路，誰就是贏家。只要瞭解並加入這樣的新型態致富模式：人就是有通路，集體倍增出通路。就能把之前被傳統通路所剝削的大量利潤，通通回歸參與傳遞分享的消費者手中！

大師小故事

分享的力量

有位算命先生受邀到京城幫人算命。

走了好多天，中途經過一個又小又荒涼的村莊，又累又渴的他，幸運地碰到一名老婆婆，他趕緊向老婆婆要水喝。

老婆婆將算命師帶到家中，盛了一杯水之後，卻順手抓了一把米糠灑進水碗裡。算命先生看在眼中，邊喝邊想：這位老婆婆看來慈眉善目，沒想到心胸這麼狹窄，不過是討杯水來喝，有必要這樣對待我嗎？讓我沒辦法好好喝，真是小氣。

由於碗裡的米糠漂浮在水面上，讓算命師喝得很慢，趁著空檔，兩人有一搭沒一搭地閒聊起來。老婆婆得知算命先生的工作之後，便開口請他幫忙，想知道有沒有什麼方法能讓農作豐收，家境好轉。

算命先生心想：好啊～你剛才整我，現在換我整你。於是，算命先生放下水碗，起身踱步，將屋內擺設好好地瞧個仔細。接著故意提供老婆婆錯誤的訊息——將大門改成座北朝南，但算命先生所指示的不但不是發財方位，而是會帶來破財壞運的方法。老婆婆完全不知情，信以為真，再三地向

算命先生道謝。

兩年後，算命先生正巧舊地重遊，突然想起這件事情。他心想：老婆婆大概已經變成乞丐了吧！算命先生有點懊悔，覺得自己當時真是欠考慮，也反應過度了，懷著愧疚的心情，他打算上山一探究竟。走著走著，發現原本荒涼的山村道路，怎麼越走越繁榮，人來人往、車水馬龍。正當算命先生感到疑惑不解的時候，迎面走來一位打扮相當華貴的老夫人，原來面熟的她就是當年的老婆婆。

算命先生實在不明白，事情怎麼會變成這樣呢？

老婆婆說：『多虧有你，當年告訴我發財的方法，我後來想，這麼好的事情，怎麼能由我自己獨享呢？當然要和數十年的老街坊老鄰居們分享啊！於是我把你教我的方法分享給大家照著做——將大門改成座北朝南。還有我的小兒子也在網路上宣傳我們這塊福地致富的秘密。之後，沒想到就連許多炒作地皮的建商，聽了訊息後也都看中我們這個小地方，在這投資了不少呢！你說的真準，這樣做之後，村莊裡所有人果然都發大財了。』

算命先生這才明白，原來是老婆婆樂於分享的大愛，改變了整個村莊的命運。兩人敘舊閒聊了片刻，臨走之際，算命先生忍不住吐出心底最深的疑惑，他不懂，既然老婆婆可

以無私地把發財的秘方告訴大家，為什麼當初連給他一杯水都不情不願呢？他開口詢問老婆婆：『那時為什麼要將米糠丟在水裡？』老婆婆說：『我看你那麼累、那麼渴，怕你喝得太快，會嗆到啊！』

　　從這則故事當中，我們得到一個最重要的啟發，那就是善念與無私分享真的可以改變人的命運。所有的凶兆、所有的貧窮，只要發揮知識傳遞的影響，都可以被改變。記住這個公式：

$$K=(PTI)^S$$

　　你是否也應該身體力行，將這本書的資訊傳遞，透過財富知識的分享，解決自己，及全人類的經濟問題?!

一題數學解決全球經濟問題

本 節 重 點 複 習

1. 今日的世界是網路的天下。網路又可分為兩種，一種是人際網路，一種是網際網路。

2. 再一次強調，網路給了我們致富的契機，你只要透過分享理財觀念，在知識經濟時代裡，每個人都可以不花一毛錢輕鬆身價上億。

3. 人、財、物這三者，人才是企業決勝的關鍵。第五項修練更鉅細靡遺地強調：一開始就要找對的人上車，不對的人下車，這對任何一個組織團隊都有極深遠的影響。

4. 操作人際網路架構的公式： $K=(PTI)^S$

   K：Knowledge，指知識經濟裡運用知識能創造出的財富

   P：People，找對的人上車，不對的人下車

   T：Technology，運用科技，如DVD等記載團隊之智慧與核心價值

   I：Information，精準的抓住貼近趨勢的資訊

   S：Share，不斷分享與傳遞

5. 這一個世紀，誰擁有人際網路，誰就是贏家。

Business **我的財商指數**

第5節
強者恆強　弱者恆弱

想成為億萬富翁，
你必須先跟著一個已經成功的教練，
一起拆掉你骨子裡讓你貧窮的骨架。

　　人一生的財富，將是周遭朋友財富的平均值。聰明的人知道一定要與成功的人合作，拉高財富平均值，千萬不要在不對的人群裡打轉，互相拉低財富的平均值。

　　這就是企業的原理。上一節提到的公式：K=(PTI)的S次方，最難也是最重要的一環就是P：找對的人上車，讓不對的人下車。同樣一番道理，同樣一套做法，司令官來做與煮飯阿姨來執行，就會得到天差地別的結果。因此在建立人際網路系統的時候，誰是我們的共構對象，將決定我們成功的速度以及將來的命運。如果找到的不是『對』的人，很可能造成虛擬通路阻塞，甚至中斷。就像血液無法順利流過，被堵住的地方最後就會壞死，甚至造成蜂窩性組織炎，只好截肢（組織解散崩盤）。

　　對系統來說，找到不對的人可是一等一的重傷害。

　　專心做『人』的事

由於實體通路裡，經營者除了人事問題之外，還得負責房租水電、管銷等成本。但是在虛擬世界裡，這些都可以被省略。網路虛擬世界裡，『人』以外的其他部分與過程，全都被網路蒸發掉了，什麼人事管銷、水電房租、土地取得，通通降到最低，系統的經營者大可以將全部的心力，更專注地投入於『人力資源』的培育。然而在虛擬世界裡建構系統，乍聽起來很容易，但實際上卻是對你過去以及未來的人際資產進行總體檢。

虛擬世界中的系統經營者，最大的問題是『人』的問題。舉例說，5的7次方，你以為只要單純帶領五個人，教會他，然後往下傳播，就能建構出龐大通路網？錯了，其實這簡單的過程，包含著B象限成功企業家的基本特質。要成功一定讓自己擁有企業家的能力：學習力、溝通力、影響力……等，無論在實體或虛擬世界都一樣。（詳閱《讓錢自己流進來》一書）

由於在倍增的世界裡速度將一日千里，你選擇的合作伙伴的優劣彷如現世報一樣，會在你的財富報表上反映。你是身處速度決勝的鴻海集團，還是身處三姑六婆的菜市場集團，在倍增的市場裡財富報表肯定是天壤之別。如何讓自己身處強者的集團？兩個簡單的動作可以仔細思維： 一是慎選教練，二是翻對王牌。

　　由於教練級數決定選手表現，要找到值得跟的領導人；也因為倍增市場是群體組織戰，團隊中每個人的智商就算高達一百八，群體的平均智商卻也有可能降到只剩六十。所以，千萬別讓任何負面的人參與，避免拉低團隊的智商。找對的人上車，讓不對的人下車！記住：選對教練、翻對王牌，這兩個動作在倍增的世界裡尤其重要。

　　由於教練級數決定選手表現，要找到值得跟的領導人；也因為倍增市場是群體組織戰，團隊中每個人的智商就算高達一百八，群體的平均智商卻也有可能降到只剩六十。所以，千萬別讓任何負面的人參與，避免拉低團隊的智商。找對的人上車，讓不對的人下車！舉例，國內非常有名的講師經紀人邱瑪麗（Marry）女士，由於長期結合人才資源網，對於翻對王牌這一個動作，就佔非常大的優勢，未來財富將大量湧向能整合人才資源的人身上。記住：選對教練、翻對王牌，這兩個動作，在倍增的世界裡尤其重要。

本 節 重 點 複 習

1.人一生的財富，將是周遭朋友財富的平均值，聰明的人知道一定要與成功的人合作，拉高財富平均值，千萬不要在不對的人群裡打轉，互相拉低財富的平均值。

2.在建立人際網路系統的時候，誰是我們的共構對象，將決定我們成功的速度以及將來的命運。如果找到的，不是 ” 對 ” 的人，很可能造成虛擬通路阻塞，甚至中斷。就像血液無法順利流過，被堵住的地方最後就會壞死，甚至造成蜂窩性組織炎，只好截肢。

3.千萬別讓任何負面的人參與，避免拉低團隊的智商。記住：找對的人上車，讓不對的人下車！

4.選對教練、翻對王牌，這兩個動作是快速建構人際網路的關鍵。

Business 我的財商指數

任何人都能在24小時內身價上億

第三波革命，是速度革命。

在虛擬世界裡建構倍增系統，無疑是對你的人際資產進行總檢視。如果你的朋友裡沒有好的人才，你應該馬上再另外結交一群朋友。記住，你是在創造一個企業，你要聰明的與強者合作。『強者恆強、弱者恆弱』，人際網路是密切的互動關係，而倍增的世界裡更是一日千里，『人才』是最大的操作變因。別將時間耗費在聽不懂的人身上。應該把心思留給聽得懂、願意學習的人。就像狗食的故事，每個人只要跟五個人溝通，記住：每個人都做到幫助自己身邊五個伙伴，就可以集體倍增幫助無數人遠離窮人象限，進而移居富人殿堂。

過去，即便擁有建構系統的概念，但在實體通路裡架構系統仍舊非常辛苦。光聚集資金就要好幾年了，還必須要學會人事管理、行政管理，所有的雜項細目主事者都要通盤瞭解，不斷研討後才能制訂系統，因此複製可能要花上一段很長的時間。但現在不同了！我們擁有網路這個從天而降的禮物。網路快速造成財富重新分配是既定的事實，就像狗食的這題數學題目，我們要做的就是告訴5個人，不斷與這5個

人開會，當這5個人都瞭解將日常生活用品的負債轉資產進倍增，進而開始傳遞財富觀念之後，下一小時就能倍增出25人，而七個小時之後，將會匯聚97655人。如果以通路計算，我們將瞬間擁有97655個通路。

以每小時倍增五倍通路的速度，24小時內要身價上億，比起在實體通路，實在是輕而易舉的事。『誰快誰就贏，誰快誰生存』。速度是最重要的。在這題24小時內身價上億的數學裡，時間儼然成為另一個最大的變數。一個人在家做家事、看電視，另一個人不斷分享，將人際與財富倍增，你可以預見這兩人的未來嗎？

致富的重點除了操作快速的集體倍增外，另一個重點是『產消合一』，這已經是未來的趨勢：生產者與消費者合而為一，傳統的通路漸漸走入歷史，造成整個財富板塊的轉移。以往被人們忽略的日常生活用品費用，如今卻成了最大的資產來源。將這長期負債式的消費轉為資產的來源，換個通路，換出財富。簡單的知識分享，於是進入倍增系統，若將此歸納出標準系統，大家一起集體執行產消合一，就像是小叮噹世界裡的放大燈，每進行一次，都會以倍數放大，若整個團隊把週期訂為一小時倍增一次，要24小時身價上億，簡直是易如反掌。因此，教練的帶領與規劃是重要的，因為教練級數決定選手表現，不是嗎？

在這題數學的致富觀念裡，還有一個大重點：上網購物不是為了便宜的東西，而是將省下的錢進倍增。今天我們不進實體書店，反而上網買書，就可以獲得35%左右的折扣，但會讓你因此致富嗎？不會！因為過程中，少了倍增的力量。當我們瞭解這個原理，才會有動力與朋友進行分享，畢竟，相信才會產生力量。再記住：只找對的人上車，也就是只說給願意且聽得懂的人聽。比如說執行5的7次方，只要把不花一毛錢就能身價上億的方法告訴五個人，難不難？非常簡單。但若是要『教會』五個人呢？快慢就因人而異。所以，先找到願意接受新知識的人，這就是找對的人上車。因為貓的朋友還是貓，狗的朋友還是狗，只跟聽得懂的人溝通，相信他們的朋友也是願意學習的人，於是很容易也聽得懂。在知識經濟時代裡，知識份子就成為翻轉命運轉輪的重要關鍵。

注意：對大多數的人來說，托佛勒提出的集體產消合一，仍然是非常嶄新的概念。因此誰首先執行，並找對的人快速倍增，誰就能在這一個世紀站在財富重新分配的頂端。網路世界雖然提供的是人人都有公平的機會，但公平並不代表沒競爭。太多人不願學習，就想在這一個世紀裡大富大貴，不願學習而想致富，在知識經濟時代裡真有如痴人說夢。

當你試圖傳播這本書的觀念，但別人卻拒絕接受、拒絕改變，你千萬不要因此而失望。記住，倍增的世界是一個大家挑水管的原理，每個人只要管好自己找的幾個人，聽懂並願意傳遞分享就夠了，千萬別讓不願學習的人造成你的困擾與迷思。

蓋上白布，推出去，下一個！

有一名技術精湛的外科醫師，手持鋒利的手術刀，專門割掉病人體內的腫瘤。

有位病人奄奄一息受到病痛折磨。醫師拼命想開刀救他，手術進行到一半，病人卻大聲喊叫說他不想活了，突然拿下氧氣罩，說什麼也不讓醫生接近。結果這位病人也真的死了！

如果你是這位專業醫師，你會嚎啕大哭地說：『我再也不要幫人治病、再也不要幫人開刀了。』嗎？

我想，沒有任何一名夠專業的醫師會有這樣的反應。一位專業的醫師是以救人為使命。平靜地幫病患蓋上白布吧！叫助理進來：『推出去，下一個！』

當我們傳遞理財訊息時，你就是那名外科醫師，而那名病人罹患的病名叫貧窮。要知道不是每個人都有習慣接受

新的資訊，在M型社會裡，就算經濟壓力大到每個人都不能呼吸時，也不是每個人都有求生意志。當一個人不願意接受新的趨勢觀點，不願意接受救治，我們不能因此停止拯救更多人的行動。雖然你難過，卻只得為他蓋上白布，悄悄地說：『下一個！』狗食這題數學題目，其實，只需找到『五個對的人』，教會他們財富原理，比外科醫生真正要做的輕易許多。若是能找到並教會五個對的強者，走出貧窮更是一朝一夕的事。全世界再也沒有任何一條致富邏輯，會比在網路世界傳遞訊息就能致富更簡單的事了！

　　當個知識的傳遞者，在找對的傳遞對象過程中，不用過度敏感，期望100%的人都能聽懂。只需要想著，找聽懂的人告訴他，快點傳遞新的世紀裡致富的秘笈，與聽得懂的人分享，別在窮人堆裡持續打轉。套用這本書的公式，找對的人一起架構系統，幾顆原子不斷碰撞，在24小時之內身價上億絕對不是夢！讓我們回到科學本質，利用最直接、明白的數學算式，達成24小時之內身價上億的目標。

> 若每個家庭每月需要的日常生活開銷為2000元，
> 我們只要花一個小時，教會五個人致富法則，
> 進行虛擬通路的建構，
> 依5的7次方等級的計算，
> 七個小時之後，系統中就會有97655人
> 系統建構者共拿回97655個140元，等於13671700元，
> 而且是每個月都有的收益。

一題數學解決全球經濟問題

本 節 重 點 複 習

1. 如果你的朋友裡沒有好的人才，你應該馬上再另外結交一群朋友。記住，你是在創造一個企業，你要聰明的與強者合作。

2. 一個人在家做家事看電視，另一個人不斷分享，將人際與財富倍增，不久後兩個人的財富將會天差地別。

3. 大家一起集體執行產消合一，就像是小叮噹世界裡的放大燈，每進行一次，都會以倍數放大，若整個團隊把週期訂為一小時倍增一次，要24小時身價上億簡直是易如反掌。

4. 倍增的世界是一個大家挑水管的原理，每個人只要管好自己找的幾個人聽懂並願意傳遞分享就夠了，千萬別讓不願學習的人造成你的困擾與迷思。

5. 對大多數的人來説，托佛勒提出的集體產消合一，仍然是非常嶄新的概念。因此誰首先執行，並找對的人快速倍增，誰就能在這一個世紀站在財富重分配的頂端。

Business **我的財商指數**

_____

_____

_____

_____

未來的企業版圖

我們是在網路世界裡執行企業家的任務。

　　長久培養出來的數學概念，再加上多年累積的邏輯思維訓練，讓我能十分有信心地在這裡告訴你，財富正以破天荒的速度流向網路，誰能在網路世界裡在最短的時間倍增出更多的通路，誰就擁有更多的財富。你可以套用這個式子：

財富＝產品利潤×通路數

　　財富的計算方法一直沒有改變，只是過去的通路架構在實體通路，未來的通路架構在網路世界。

　　人們常說，天下沒有白吃的午餐，這句話在虛擬世界中是不成立的，因為網路上有太多太多免費的午餐了。網路挾其零成本的優勢，衝出上網點閱的人口數，充分達到聚集群眾的目的，這就是實體通路萎縮的原因。

　　我們可以大膽地預測，在網路的影響下，將不再有太多上班的機會。未來，人們工作不再是只為了金錢，而是為了理想而工作，那麼錢呢？錢是學會架構一個系統後，讓錢自己流進來。（參閱陳光著作《讓錢自己流進來》）。按這樣的邏輯推理，在不久的將來，金錢的實質意義將會越來

低。沒有錢的人會躲在家中，變成自給自足的宅男、宅女，於是大多數人的消費能力都不行了，路上會剩下金字塔頂端的消費行為。

網路披荊斬棘砍伐所有的傳統產業。比如：網路教學就打敗了傳統補習班，誰有什麼疑難雜症，隨意上網丟個問號，一呼百應，自然有熱心的網友替你找好解答；而線上影片觀看或下載就取代了影碟出租店，網路會提供千百倍於出租店的服務。網路無遠弗屆的匯聚群眾，更多網路交易行為，將會加速傳統產業的衰敗，也勢必加速網路新興產業的蓬勃。

看看越來越不景氣的唱片業，看看一年倒Ｎ家的出版社……，實體通路裡，百業蕭條啊！相較於傳統企業的不景氣與裁員聲浪，著名的網站Google今年甚至擴編上千人。也許有人會這麼想，Google那麼大的跨國企業，成功也不足為奇啊！其實，Google的興起是成功運用網路無遠弗屆的力量。網路世界裡，Google儼然成為最大的廣告代理商。因為Google所提供的一切服務完全免費，這個王國之所以成功，完全是由於抓準趨勢、站對位置啊！

相對的在實體通路上，今年有多少家跨國實體廣告公司業績負成長，有幾家黯然倒閉？一方傾圮，一方崛起，站在

中間的我們正好可以選邊站，選對、選錯，影響的可是未來子子孫孫在財富重新分配的結果。我們雖不是億萬富翁的子孫，但卻有機會成為億萬富翁的祖先，網路是前所未有的機會，牢牢抓住變動的契機，或許上一代沒有好機會，現在機會來臨了，平民翻身、財富重整。在網路的時代裡，所有雜事都可被屏除，你只要好好經營『人』就可以了。未來致富，我們只需找到對的人傳遞：透過合理的生活費轉換，把負債變為資產，再投入倍增系統即可。這是一件門檻最低，幾乎人人都能辦到的事！

於是，每一個人都是一個縮小的企業版，在這新型的未來企業，沒有第一筆創業基金的煩惱，沒有繳不完的房租、水電，沒有壓不下來的人事管銷，當你看懂這本書，你就擁有成為億萬富翁的機會。但這樣的模式或許讓少數人產生混淆，質疑集體產消合一與一般的傳直銷有何不同？

如果你的財富智慧夠多，你一定分得出其中的差異。告訴朋友換個通路就創造出資產，而不是花時間在銷售商品，賺中間的差價。所以產消合一的精神是提醒你在網路世界裡架構通路，並將方法做系統複製承傳，完完全全是在做B象限企業家的事。千萬不要銷售，只要傳達財富觀念與未來趨勢：同樣的花費，換個通路，換出財富。而傳統的銷售工作是屬於E象限，靠銷售業績得到獎金，不銷售就沒有收入。

產消合一精神是結合一群有理財觀念的人，跳過中間通路商，集體向生產者下訂單，節省原有的通路費用，除了倍增出財富外，更進而替代了以往的通路商，成為新的通路，這一點很重要。

在共構的系統裡，努力是為了強化彼此的共同利益，而非削弱對方的努力，這也實現了藍海策略的精神。在這樣單純的模式中，若要說誰受到了傷害，那只有傳統通路與跟不上趨勢的人。更多的人將因此不到實體通路消費了！於是傳統通路受到影響而萎縮甚至倒閉，造成更多人失業，失業率提高讓更多來不及反應的人失去生計，不斷陷入貧窮，這就是M型社會形成的原因。

網路即將摧毀一切，這樣的趨勢發展已無法抵擋，日後網路將會順勢取代傳統通路，注意，這個新通路的形成，將會造成新的一批企業家的崛起。

本 節 重 點 複 習

1.財富＝產品利潤×通路數

2.在不久的將來，金錢的實質意義將會越來越低。沒有錢的人
　會躲在家中，變成自給自足的宅男、宅女，於是大多數人的
　消費能力都不行了，路上會剩下金字塔頂端的消費行為。

3.網路是前所未有的機會，牢牢抓住變動的契機，或許上一代
　沒有好機會，現在機會來臨了，平民翻身、財富重整。在網
　路的時代裡，所有雜事都可被摒除，你只要好好經營『人』
　就可以了。

4.在共構的系統裡，努力是為了強化彼此的共同利益，而非削
　弱對方的努力，這也實現了藍海策略的精神。在這樣單純的
　模式中，若要說誰受到了傷害，那只有傳統通路與跟不上趨
　勢的人。

5.網路即將摧毀一切，這樣的趨勢發展已無法抵擋，日後網路
　將會順勢取代傳統通路，而這個新通路的形成，將會造成新
　的一批企業家的崛起。

$\mathcal{B}$ usiness 我的財商指數

第 8 節
板塊重整

抓住每一個機會，儘早架構系統。
在虛擬的世界裡架構倍增系統，
別說晚一天，就是晚一秒都是晚。

　　不論是過去、現在還是未來，產品與通路一直是企業經營的兩大重要元素。二者雖然是缺一不可，但地位卻有輕重之別。例如：有核心產品，但沒有通路，東西推不出去，沒有能見度乏人問津，還是創造不出利潤。但反過來說，有些商品本身平凡無奇，但上了很棒的通路，加上介紹有創意，在網路世界裡竟有機會殺出重圍。因此二者之間，誰屬於關鍵重點者？我認為還是通路。誰擁有好的通路，誰就能當家作主。

　　這樣的觀點在富人的金錢藍圖來說，叫做理所當然，對窮人來說，卻有點匪夷所思，還是有許多人會苦苦執著於商品迷思，覺得核心商品一定要夠好、夠強，才能賣得出去，於是全心研發商品。我們不能說這樣的觀點錯誤，但是時間分配的比率以及注意的方向必須精準。空有產品，賣不出去的人太多了，沒有通路，能有市場嗎？通路永遠是舉足輕重，關係成敗的原因。

我們可以說，誰有通路，誰就是商場上的贏家。有了通路，你大可尋找更好的產品上架。

當窮人拼命低頭點數有限的鈔票，而富人卻是拼命建構無限的通路。因為他們看待財富，已經跳脫空有外殼的金錢，而是直接深入財富原理，不僅看眼前，更看長遠。『一生裡，一定要架構出一個系統，讓這個系統幫你工作賺錢』。很多大學生早已洞悉網路這個工具，正在大大方方的送通路系統給每個看得懂的人。

更多通路的合併案也在網路上發生。板塊重整的時刻，擁有選擇權的人不只你一個，你可以選擇，別人當然也可以，強者恆強，弱者恆弱。有人已經聚集了一批人才，像黑洞一樣瘋狂吸引更多人才的湧入，有人還在三姑六婆，閒聊一些無關企業的是非。別以為網路世界裡人人機會均等，這不是一個沒有門檻的新時代，最大的限制是什麼？是自己大腦智慧的多寡，以及能不能吸引人才到你身邊。在知識經濟時代裡，人才比錢財重要太多了，你組織出的一批人願不願接受新事物，願不願意學習，願不願意改變，願不願意與人分享，願不願意快速執行，都影響你將來企業的版圖。也就是，最大的贏家是在於是不是擁有一批學習型的團隊，也就是共構系統當中找到『對的人』，相反的，系統中太多缺乏學習精神者，很可能就是造成虛擬通路不順暢，以及死亡的

阻塞點。

既然人人都有權利在板塊重整的時候做出選擇，在虛擬世界共構系統者，就有優勝劣敗的差別。再說一次，選對教練是成功的第一個重要關鍵，先選擇一個強的團隊加入，接下來抓住每一個機會翻對王牌。翻牌的速度決定你成功的速度，懂得抓住每一個機會的人才會贏。

架構系統最迷人的地方就是系統會自動運作，就算你在睡覺、你在休假，系統仍然在轉動，我們可以說，是系統讓你不分日夜地奔向億萬富翁行列。所以說，抓住每一個機會儘早架構出系統，別說晚一天，在虛擬的網路世界裡，晚一秒鐘都是晚。

選擇比努力重要

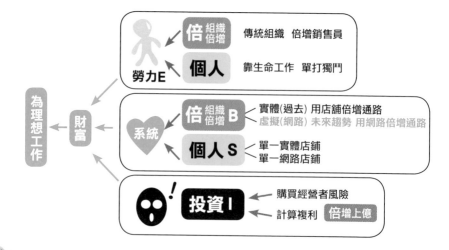

大師小故事

單打獨鬥的世代已過

石頭山下，有兩名貧窮的年輕人，在餓了好幾天的肚子之後，某天偶然聽說山頂上住了一名白髮蒼蒼的智慧老人，專門為人解答疑惑。

年輕人覺得再這麼餓下去也不是辦法，於是決定一同上山，請智慧老人指點迷津。

眉毛快比鬍鬚還長的老人家，捻了捻眉毛，一臉莫測高深的表情，問：『要魚還是要釣技呢？』

其中一個人選擇了釣技，並往東邊直奔而去。他沒料到從石頭山到海邊，得花上十天時間，在第七天，年輕人因飢餓過度與體力不支，死了！

另一個年輕人選擇了魚，他選擇另一個方向，向西邊走去。因為有很多魚，於是慢慢走，當他到達西邊的海岸時，簍子裡還剩下半桶魚呢！不知不覺的他一點也不緊張，好整以暇地慢慢吃。可是20天過去了，魚桶終於見底了，這時突然發現自己不會釣魚。沒有釣技的他，苦思數日終於在第25天，也死了。

　　其實，這兩個年輕人士都不該枉死的，他們可以一起走啊！一個人有純熟的釣技，一個人有到海邊足夠的魚。合作，是這一個世紀裡活下去的重要關鍵。資源共構、資源共享，這也是板塊重整的運作模式。我們可以大膽的說，脫離團隊、不知合作的人，在本世紀註定會被淘汰。

本 節 重 點 複 習

1. 誰擁有好的通路，誰就能當家作主，誰有通路，誰就是商場上的贏家。有了通路，我們大可尋找更好的產品上架。

2. 當窮人拼命低頭點數有限的鈔票，而富人卻是拼命建構無限的通路。

3. 別以為網路世界裡人人機會均等，這不是一個沒有門檻的新時代，最大的限制是自己大腦智慧的多寡，以及能不能吸引人才到你身邊。

4. 抓住每一個機會儘早架構出系統，別說晚一天，在虛擬的網路世界裡，晚一秒鐘都是晚。

Business **我的財商指數**

第 4 章

你是最有可能成為身價上億的人

●心理因素與身處環境的優劣，會讓同樣試圖實踐致富法則的人，經歷不同的過程發展，最後演變出不同結果。

●最適合執行這整套致富法則的一群，他們的人格特質是：善用網路、人際活絡、樂於分享等要點，更重要的是對新觀點保持著全然開放的態度，沒有窠臼與傳統的無形牽絆。

●集體產消合一當中的必要程序：找出不可避免的負債式消費——換個通路，讓負債轉資產——將這個方法教會更多人。

●想成為億萬富翁，就要放棄在舊通路裡打轉的習慣，趕緊認清事實，踏入網路世界，建構屬於自己的倍增系統，這才是21世紀致富的不二法門。

第 *1* 節
由倍而億

瞭不瞭解在倍增的世界，
財富差距將無法估計，
這就是貧者世界與富人世界的差別。

　　這本書的幾個觀念植入大腦後，再經過精密的思維與內化，相信你絕對是最有可能成為身價上億的人。複習一下致富的兩大基本觀念：一是負債轉資產進倍增，二是執行 K=(PTI)的S次方。若要以數學邏輯來表示的話，其實就是一道非常簡單的算式，X的N次方。在這道算式裡頭的兩項未知數，X與N是可以自由填寫，這個遊戲要玩多大，由自己來作主決定的。能力越大的，X可以越大；複製能力越強；系統監督複製能力越強者，N的值可以玩更大。我們可以說，這道算式的標準答案，以及你的執行能力，決定你在倍增系統裡發揮怎樣的威力。

$$X^n$$

　　現在再讓我們來複習一次，如何在網路世紀裡脫離窮人象限，躋身富人行列：

第一步：轉換生活費，將負債轉資產。

第二步：透過網際網路或人際網路進行訊息的傳遞與分享。

第三步：集體產消合一，倍增出通路。

第四步：建構出系統，躋身在B象限輕鬆身價上億。

一定有人會問，致富的法則是人人都能執行的嗎？有沒有年齡、種族、職業、性別……，或是財力的差異？就像是『窮人沒辦法靠致富法則變得更有錢』，或『年輕人缺乏經驗與正確判斷，要身價上億有困難』？！

如果你心底也有這樣的疑惑，那麼我在這裡告訴你！別懷疑，透過吸引力法則，只要願意跟著這麼做，全人類都可以透過本書所描述的致富法則，躋身億萬富翁的行列。但有些錯誤的人，確實會讓致富法則行不通，我們要遠離地雷區，千萬別在錯誤的人身上浪費時間。所謂錯誤的人，指的是那些不讀書，或三餐靠人救濟，根本沒有生活費可轉換的人。這些人伸手要慣了，早已失去站起來的勇氣，除非他們破釜沉舟，力求改變。

再提醒一次：因倍增而致富的原理是：只要找到並教會幾個對的人，再完整複製，確定這些人會薪火相傳繼續傳承下去，那大抵就成功了。這就是企業的原理：把上一代交給你的棒子，完整無誤的交給下一代。記住，這像是馬拉松競賽，不是一個人挑幾萬根，是大家一起挑水管的故事。

倍增的力量

　　如果你瞭解倍增的原理，你應該知道在倍增世界裡累積財富的速度，將千萬倍於只靠工時的收入。尤其是將負債轉資產進倍增的理論徹底實踐，財富增長的速度將會大得驚人。

　　我們可以把家裡原本就得花費的錢，全部找個有倍增制度的通路消費，再教會周遭的朋友。一旦進入觀念複製，我們的財富會以排山倒海的方式湧進來。

　　舉例來說，身體檢查是每個人都必須的。如果我們必定要身體檢查，可以考慮：如果價錢一樣，專業度也一樣，我們大可選擇有將利潤分享消費者，最好有倍增制度的醫院體系。舉例說，若是有家醫院以6的10次方的等比級數將利潤分配，以一般體檢兩萬元來計算，只要告訴六個人：『同樣要健檢，為什麼不找有倍增回饋的體系？』簡單關心朋友的健康，套上這本書的公式：如果利潤的一半進入6的10次方等比級數，第一個傳遞資訊者，將會有七百二十五億以上的獲利機會。

　　這就是倍增的力量！

本 節 重 點 複 習

1.在網路世紀裡脫離窮人象限，躋身富人行列：
第一步：轉換生活費，將負債轉資產
第二步：透過網際網路或人際網路，進行訊息的傳遞與分享
第三步：集體產消合一，倍增出通路
第四步：建構出系統，躋身在B象限輕鬆身價上億。

2.有些人伸手要慣了，三餐靠人救濟，根本沒有生活費可轉換，他們早已失去站起來的勇氣。除非能破釜沉舟，力求改變。

3.企業的原理是：把上一代交給你的棒子，完整無誤的交給下一代。這像是馬拉松競賽，不是一個人挑幾萬根，而是大家一起挑水管的故事。

$\mathcal{B}$usiness **我的財商指數**

_____

_____

_____

_____

_____

_____

_____

_____

第②節
大學生的世紀

聰明人絕不單打獨鬥。他們會把所有時間放在倍增，並組成團隊一起倍增。

任何人都可以因網路而身價上億，只是過程與發展多少還是會因人而異。所謂的因人而異，是指後天所受教育的限制。思考決定行為，從知道、相信到執行，跟一個人的心智地圖關係太大了。但是只要在大家金錢藍圖調整成一致，這樣致富法則就不太會因天生條件而有所差別。科學的根據就是：用相同的方法做同一件事，不可能有不同的結果。

也就是說，每個人只要懂得本書的理論，調整心態，找對方法，誰都有機會身價上億。那麼是什麼樣的因素，讓同樣試圖實踐致富法則的人，會經歷不同的過程發展，最後演變出不同結果？主要除了心理因素，還有身處環境的優劣。

不同的人有不同的人格特質，人格特質才是影響執行的關鍵點。你是財富道路上的蝸牛，還是日行千里的飛毛腿，通通與人格特質有關。事實上，最快的傳遞知識者，必定是信仰最堅定的人。因為相信才會產生力量。因此，最棒的倍增系統建構者，必定是最理解致富法則，並瞭解未來網路趨勢的人。沒有通透這條邏輯，人們就無法產生十足的信念，

自然也無法完成知識經濟裡重要的傳遞與分享。會在分享上有障礙的，多半是礙於傳統思維的作祟，或沒有真正打從心底去認識、去瞭解未來世界的變化，當然更別提是否能因應未來趨勢的變化了！

不過值得開心的是，未來世界有一群最具影響力的族群，正巧也是最適合執行這整套致富法則的一群，不僅僅是因為他們的人格特質中，有善用網路、人際活絡、樂於分享等要點，更重要的是他們對新觀點是保持著全然開放的態度，沒有窠臼與傳統的無形牽絆。未來世界的主人翁、未來世界的棟樑、未來世界的富人群，他們的集體代名詞是大學生。

尤其是仍未離開學校的大學生，他們一定比出社會後的人做得更快，因為同學還在身邊呀！而且仍處於接受教育階段的他們，就像一塊海綿一樣，吸收新知識、新觀點，還沒有被社會生活徹底折磨殆盡的好奇心，又會催促他們去分析這些新事物。經過反覆驗證過程，得到證明之後，致富的法則會形成他們的潛意識，執行它就像呼吸一樣自然，加上校園裡同學、朋友滿山遍野，簡單傳遞資訊就能達到致富的目的，又怎麼可能會無法成功呢？

有一個大學生，看過托佛勒博士的產消合一理論，也看

過我的著作《讓錢自己流進來》。他知道換個通路換出財富的觀念，於是找到一家執行產消合一：生產者與消費者合作的環保超商，省下通路剝削的錢，再邀請親友一起倍增。於是他把他的想法告訴自己的父母，希望父母把家中的生活用品轉換成資產，果不其然，遭到父母嚴重的反對。

『把書讀好吧！不要影響到學業了。』父母焦急的提醒。

他知道父母是關心他的。父母的反對，是因為不知道時代的變遷，『現在，有更多的人上網買便宜東西了，上網購物已是趨勢，我們只是簡單找幾個人傳遞，啟動倍增的力量呀！』

大學生知道這是時代的趨勢，於是找了幾個同學開了讀書會，大家研究的結果，決定做一個實驗。每個人把自己唱歌、約會甚至抽菸、喝酒、聚會的錢，這些漫無目的的消費全節省下來，改成吃健康營養食品，當作必備的生活費轉換，幾個月後，果然創造出集體的產消合一，並在整個大學裡掀起了風潮。

半年後，一起執行產消合一的同學都有持續超過十萬元的月收入，他們相約包一個超過十萬元的紅包給爸媽，果然父母親認同了他的想法，也瞭解了時代的趨勢。

很多大學生看懂後想執行產消合一，只是回家後遭到父母反對就放棄了。除了不想讓父母反對，更有些其實是希望父母的金錢資助。大學生要想在這場遊戲裡成功，除了要自己看懂外，更需要自己有肩膀、有擔當。

本 節 重 點 複 習

1. 心理因素與身處環境的優劣，會讓同樣試圖實踐致富法則的人，經歷不同的過程發展，最後演變出不同結果。

2. 最適合執行這整套致富法則的一群，他們的人格特質是：善用網路、人際活絡、樂於分享等要點，更重要的是對新觀點是保持著全然開放的態度，沒有窠臼與傳統的無形牽絆。

3. 很多大學生看懂後想執行產消合一，只是回家後父母一反對就放棄了，除了不想讓父母反對，更有些其實是希望父母的金錢資助。大學生要想在這場遊戲裡成功，除了要自己看懂外，更需要自己有肩膀、有擔當。

Business **我的財商指數**

_____

_____

_____

第3節
兒童都能身價上億

不是最聰明就是最單純的人容易成功。

　　相不相信，連兒童都可以執行集體產消合一輕鬆身價上億。事實上，小孩的傳播力量要比大人強得很多。而且教會五名小孩，遠比教會五名大人來得更輕鬆容易。大人有些時候思想太負面了。

　　兒童該怎麼執行集體產消合一？先來看看集體產消合一當中的必要程序：『找出不可避免的負債式消費』、『換個通路，讓負債轉資產』、『將這個方法教會更多人』。在上述三個條件中，從後頭往前看，『將這個方法教會更多人』，就是所謂的傳播，傳播在兒童的世界裡向來不是問題，同儕關係緊密的他們，除了喜歡比較之外，也享受分享，而分享與比較就是傳播的兩大動力。再者是『換個通路，讓負債轉資產』，只要最後拿到手的，仍是相同、甚至是更好的物品，相信單純的小孩不像大人會為了反對而反對，跟荷包過不去。

　　這麼看來，唯一需要費點心思的，就是『找出不可避免的負債式消費』，乍聽之下有些複雜，實則相當簡單，只要稍稍留意日常生活就能找到答案。例如：每天回家唸書都會

用得到的參考書；寫作業少不得的原子筆、鉛筆、橡皮擦⋯⋯，只要不是透過實體通路，透過網路直購就可省下一筆可轉投資的資本。趕快告訴更多人，再透過倍增的力量致富翻身。瞧，這答案一點也不難找，能轉變成資產的日用品還不只這幾種！只要懂原理，你會發現消費還可以有更多聰明的選擇。

　　兒童只是我們拿來舉例的對象之一，目的在告訴大家，不管你目前是什麼處境，都不要畫地自限。也許在一開始，看到以兒童為例，會覺得相當匪夷所思，覺得怎麼可能？但事實如果是兒童都可以進行集體的產消合一，你當然也可以！無論正在看書的你，是什麼背景、什麼角色、什麼職業，只要找到幾個人願意瞭解理財觀念並進行傳遞，記住，只要幾個，你一定也可以！

　　其實，現在已經有許多網路公司提供網域、網路空間及套裝軟體，供使用者上網架設自己的網站。每個月330元的租賃費，並且提供5的5次方通路分享，也就是使用者只需要告訴五個朋友並且教會大家加入這個倍增的機制，套公式計算，當使用者架設完畢，將有128652元的月收益。

　　國際上已經有許多十四歲以上的學生，因為操作這項工具身價上億！未來，只要懂得財富原理，選擇一個有倍增系

統的工具，就算是在學的學生，也能輕鬆成為超年輕的比爾‧蓋茲！

任何人都能身價上億！兒童可以、大學生可以，化妝師、路邊小販、飯店業者、中小企業、弱勢團體、家庭主婦、退休人士、公益團體、動物醫師、公務員……各行各業的人通通都可以！只要你真正瞭解這一道數學題並執行！

我們已經詳細試算過換掉狗食因而致富的案例，也討論過兒童該怎麼進行集體的產消合一，而接下來，該行動的人是你！試著把這道數學題轉換成生活應用題，將它套用在你的日常生活中，找出屬於你的執行方式。

化妝師如何身價上億？換掉必須分攤昂貴通路費與廣告費的名牌彩妝品！路邊小販怎麼做？找尋網路直購，並有倍增系統的洗碗精，省下賣場收取的通路費，全力攻佔網路倍增市場！每個不同的角色都可以找到屬於他的方式，也可以以家庭為單位，換掉家裡的衛生紙，都是替全家人進行負債轉資產的動作，所有日常生活當中的花費，沒有一件不可以這樣轉換，讓你每個月在花錢的同時，也同時購置資產，透過倍增，每個月都快速累積財富！

未來，連換手機都可以幫你致富。

　　當我們持有某個門號，系統業者靠什麼營利？當然是通話費、簡訊費、鈴聲下載。但是將來可不同，一旦3G通訊的科技更發達成熟，手機上網變方便也變便宜了，到時候用手機就能買東西，網路下載、網路購物的商機將有多龐大誘人，這才是目前系統業者真正覬覦的大餅：讓手機變成店舖，並將人群連結成網路，倍增出未來的虛擬通路。

　　由於政府明文規定，為了防止壟斷，系統業者每兩年換約一次。於是我們的機會來了，兩年一到，A系統希望消費者續約，會給推廣者一筆續約獎金，B系統也希望消費者換約，也會給推廣者一筆換約金。於是我們可以成為推廣者，只要邀請朋友將手機走的網絡定期換約。透過這樣的操作，系統業者會給我們一筆資金，記得，『多出的資產要快速進倍增』，你要永遠記得這個致富的公式。只要把這個消息告訴幾個好朋友，加上倍增的力量，你就可以身價上億！這又是網路給我們的一個不花一毛錢就能身價上億的機會。

　　事實上，現在已經有人開始這麼做，集體大賺電信業者的錢了！聰明的把電信業者回饋的錢，操作2的N次方倍增，每個人告訴2個人一起『換個系統，換出財富』。透過使用者口耳相傳，任何人都能快速致富。發現了嗎？拜資訊流通之賜，未來將沒有壟斷的事業，只要懂得方法，團結的消費者就能創造天大的財富！

本 節 重 點 複 習

1. 集體產消合一當中的必要程序：找出不可避免的負債式消費——換個通路，讓負債轉資產——將這個方法教會更多人。

2. 『找出不可避免的負債式消費。』相當簡單，只要稍稍留意日常生活，就能找到答案。例如 原子筆、參考書……，只要不是透過實體通路，透過網路直購，就能省下一筆可轉投資的資本。

3. 換掉家裡的衛生紙，都是替全家人進行負債轉資產的動作，所有日常生活當中的花費，沒有一件不可以這樣轉換，讓你每個月在花錢的同時，也同時購置資產，透過倍增，每個月都快速累積財富！

$\mathcal{B}$usiness **我的財商指數**

第 4 節
別為反對而反對

好狐疑者，不可與之謀事。

　　M型社會已然形成，財富水平線上，貧者與富者分據M字左右兩端，中產階級無法自我控制地逐步朝貧窮的右側傾斜而去，那你呢？你要選擇奮力向左，還是隨波向右流去？

　　大環境中有很多人並不認知，自己其實擁有生命象限的選擇權，平凡人當學到新的概念與一般制式傳統觀念大不相同時，心中的掙扎可想而知。前衛的思想原本就比較不容易為人接受，常常被視作特立獨行，甚至是異想天開，但哪個偉大的發明家不是經歷過一段冷嘲熱諷？若要問那些持反對意見的人，是否能說出具體的反對理由，答案多半是：沒有為什麼、這樣不好或感覺很差。這不是標準的為反對而反對嗎？

　　為什麼有人一點就通，有的人任憑你費盡唇舌，還是猶如一塊頑石，堅持不肯認同呢？因為每個人的心理層面大不相同。我們從一個人的談話觀點，就能輕易看出他是什麼樣的人。好辯者、好狐疑者，都不可與之謀事。找到對的人再溝通，這對於你執行本書的倍增致富法則，有一定程度的幫助，可以讓你省下不必要的心神浪費。在最短的時間內，判

別出眼前這位是不是對的人，邀請對的人一起在網路的世界裡執行建構系統的任務。要知道，在倍增的世界裡是分秒必爭的，浪費一秒都可惜！

我們可以透過本書，重新建立未來的財商指數。時代的轉輪不停改變現況，未來財富必定架構在虛擬的網路世界中，但是這個部分，從小到大學校的教案並沒有列入。我們很害怕會是學校的老師或是家長把我們的孩子教窮了！但老師自己也是傳統體制的受害者呀！學校裡上至校長、老師，下至校工、校警，沒有一個不是在傳統觀念裡長大的：要好好讀書，要有好學歷，要找好工作，要存錢，要買車購屋，然後才能退休。教導孩子完全用生命賺錢，很少有大人教孩子購買資產，用資產賺錢的觀念。

很多人認為平平凡凡過一生也不錯。人的出生是為了平凡？我想多半是因為不成功之後，失敗者退而求其次的自我安慰語。當父母告訴我們平凡也是一種美，我們也誤以為平凡就是完美的人生，因此又這樣教育下一代，要走這條平凡的路！『如果一個人能夠這樣平平凡凡過一輩子，其實未嘗不是一種幸福？』這樣的話一直自我催眠，最後終於把生命搞砸。如果你也有這樣的人生觀，是不是也太過狹隘了呢？也許有人會說，我就是喜歡庸庸碌碌，我不喜歡當有錢人，貧窮關周遭朋友什麼事？當然有關！讓自己遠離貧窮是一種

責任。以消極態度來面對人生，不能挑起社會責任就算了，因此而陷入貧窮，等待社會救助還會增加社會負擔，這是一種不負責任的行為。M型社會裡，人人都應該設法讓自己富裕，並盡力阻止貧窮之惡的發生。

　　最近我四處演講，一再重複本書的觀點，希望能夠教會更多人一起來分享這本讓自己走出貧窮、進軍富人的數學題，讓每個人都能不花一毛錢就能身價上億，一起實踐人生致富的美夢。簡單的藉由生活費轉換，從負債轉而成為資產，再透過網際網路與人際網路，建構起來的倍增系統，還可以傳子傳孫，讓世世代代走出貧窮。如果所有人都知道操作這套技巧，有朝一日無貧世界果然成真後，再也看不到任何人為貧窮所苦，也再也看不到貧窮所引發的罪惡。

　　這些連大人都不知道的致富法則，這本書裡有詳實的記載！讀完本書，你就擁有足夠的財富智商，懂得怎麼在網路世界裡建構致富的系統，讓系統帶來源源不絕的金錢，再將金錢轉換為真真正正的財富。覺得訝異嗎？怎麼金錢不等於財富？是的，金錢只是數字，是符號，是代碼，反應你金錢藍圖的價值。金錢只是工具，真正的財富還是要從心理層面來看！金錢不虞匱乏後，我們才有力量追尋人生價值。所以，建構一個系統幫你賺錢，再狠狠也不要拿自己的生命來賺錢！工作應該是為了實踐自我的核心價值，是人生學習的

重要過程，而不是單純為了錢，否則人生就太膚淺、太痛苦了！

大量的財富即將湧向虛擬通路裡，記住，掌握了未來通路就是掌握財富。在網路世界裡建通路，不需投資任何資金，只要有概念的人都能參加。這一個世紀裡唯一會被淘汰的，是不肯轉念，仍以貧者心理看事物的人。時代早已不同了，新時代不能老用舊招數，因為趨勢的轉變，猶如巨艦出航一般，勢不可擋。你所要做的只有一件事，立刻拉起船錨，解開纜繩束縛，朝財富動向全速前進！

別害孩子變窮

從前有個算命師，到一處偏僻的村莊為人算命。

夜裡休息的時候，突然間鳥叫蟲鳴，吵得他沒辦法入睡，納悶的他起身一探究竟。在外頭走走繞繞，除了停不下來的鳥叫蟲鳴之外，並沒有發現什麼特別的異相。

就在他準備踱回屋裡，蓋上棉被矇頭大睡之際，在屋外碰到一名小男孩，男孩好奇地問算命師：『您明兒個不是要幫全村的人算命嗎？怎麼不早點休息，這麼晚還沒睡？』

算命師解釋，因為被嘰嘰喳喳的鳥叫蟲鳴吵得睡不著。

　　男孩聽了之後，說：『這簡單。』接著轉身對著一片空曠的山林大喊：『不要吵！』瞬間，所有的聲音都停了！世界安靜了下來。

　　算命師見狀大驚，直覺這小孩身上肯定大有玄機，於是他問：『難道你可以跟牠們對談嗎？』小男孩表示，從小就很習慣跟牠們講話。

　　算命師心裡想：『這小男孩竟然可以號召大地生物，實在太驚人了！到底是什麼樣奇異的筋骨，造就這種非凡的能力？』算命師伸手摸摸他的骨頭，這一摸可不得了！小男孩擁有皇帝的骨骼，將來必定是九五之尊。於是他對小男孩說，快去叫你父母來。

　　父母連夜趕來，這算命師劈頭就說：『你們孩子不得了，將來可是至高無上的皇帝』。小男孩的爸媽聽了之後嗤之以鼻，壓根兒也不相信，他們心想：這算命先生八成是來討好處的。接著就對算命師說：『好啊！如果我兒子是皇帝，那隔壁王二麻子欠錢不還，我第一個叫兒子砍他腦袋！』

　　父母的暴戾之氣驚動了天庭，天神聽到後連夜趕報玉皇大帝，大帝一聽後震驚：不能讓未來的皇帝出生在這種家庭！於是馬上差遣天兵天將，一夕之間將這名小男孩的骨架

全部換掉。隔天早上，小男孩起床只覺得身體酸痛，從來就不知道自己曾經是皇帝之尊。

這個小男孩就是水滸傳裡傳說的宋江。卻被自己母親的一句話，毀掉他的大好前程。

本節重點複習

1. 不要教導孩子完全用生命賺錢，要教孩子購買資產，用資產賺錢的觀念。

2. 『如果一個人能夠這樣平平凡凡過一輩子，其實未嘗不是一種幸福？』這樣的話一直自我催眠，最後會把自己的生命搞砸。

3. 有朝一日無貧世界果然成真後，就不會有人為貧窮所苦，也不再有因貧窮所引發的罪惡。

4. 這一個世紀裡唯一會被淘汰的，是不肯轉念，仍以貧者心理看事物的人。時代早已不同了，新時代不能老用舊招數，因為趨勢的轉變，猶如巨艦出航一般，勢不可擋。你所要做的只有一件事，立刻拉起船錨，解開纜繩束縛，朝財富動向全速前進！

$\mathscr{B}$usiness 我的財商指數

第 5 節
不讀書，就閉嘴

太多不喜歡讀書又愛發言的人了。

　　如果把貧窮的原罪歸咎於傳統教育的失敗，其實也不為過。學校缺乏理財教育，制式化的教育致使一般人的財商指數普遍不足。跟不上時代的演進、跟不上趨勢潮流的變化，是造成貧窮的重要原因。趨勢摧毀了以往的系統，讓傳統的那一套再也行不通了。

　　以前的父母總是教育孩子，用功唸書就對了！建中一定比較好，台大一定要考上……，書若讀得好，找到好的雇主為其工作，賺到錢，未來自己開一家店穩穩的發財。嚴格說來，這樣的建議在過去是沒有錯的。但是，上一個世紀成功的理由，有時是下一個世紀失敗的原因。當大環境已改變，人的觀念卻沒有跟著改變，明明已經是一條死巷子，卻還往死胡同裡鑽，結果將會如何？

　　現在開雜貨店還會賺錢？7-11早已替代雜貨店；一般家具店還能經營嗎？如果你見識到IKEA的競爭優勢。當舊時代的致富之道已經不再暢通，還不懂得找尋新出路，那真的就要掉進M型社會崩塌的深淵了！而今，你不必再苦思對策，只要結合網路，你就踏上21世紀通往財富的新捷徑。

向左走？向右走？未來，無論你的學歷及出身，進入虛擬世界是讓財富重新分配的絕妙方式。

呼應我上一本書《讓錢自己流進來》一開始的標題：選擇比努力重要：這一生，一定要架構出一個讓錢自己流進來的系統。命運是掌握在自己的手中，你有權利選擇你的一切，可以選擇在以前的實體通路中繼續崩塌，在M型社會裡有如驚弓之鳥地活著；或是選擇結合趨勢，多多讀書充實自己，晉身成為知識金領，遵循公式，P（找對的人），T（運用科技），I（轉換為流通的資訊），S（大量分享傳遞），在網路世界裡發揮分享知識的威力。

要過著什麼樣的生活，要成為富者還是窮人，由自己作主，再也別聽不讀書的人的建議了。記住：農業時代，所有資源集中在有土地的地主身上；工業時代，有工廠的人說話才大聲；商業時代，誰有店舖誰是世界的領航；而在網路帶領的知識經濟時代，不讀書的人請閉嘴。什麼角色在知識經濟裡可以成為掌控全局的人？是不斷學習、不斷分享的人。『想要永遠的成功，只有永遠的學習』，想通後，你就知道什麼樣的選擇才是最正確的。而一次正確的選擇，效用將比一輩子盲目的努力來得更顯著！

大師觀點

有錢再投資、存錢能致富?!

幾年一次的經濟風暴,逐年受到學者重視,各種為中產階級與貧人的解套方式紛紛出籠,但是真的管用嗎?在這個『什麼都漲,就是薪水沒漲』的劣質環境下,想累積財富,只有靠最傳統的開源節流,必須拉大收入與支出之間的差異,創造儲蓄與投資的空間。因此為了達成這樣的目標,收入固定的上班族群,無不絞盡腦汁節制消費,因為這樣才有多餘的錢能投資。

以往富人因為擁有可操作周轉的資金,大行錢滾錢的理財準則,加快世界財富向富人流動的速度,使財富天秤嚴重傾斜。如今,網路的世界早已打破這樣的設限——有錢才能投資。但與經濟脈動緊密結合的金融單位,卻還是用傳統思維來看待理財議題,真是讓人又訝異又擔心。

其實,窮人不是沒有投資的資本,而是沒有投資的概念。今天教你轉換消費通路就能創造可轉投資的資金,當你把這個原理告訴朋友,卻發現大概每十個朋友才一個聽懂,懂的朋友每五個才一個會真正執行。

要知道,貧窮的人,不見得是因為做錯了什麼,而是因

為他們什麼都沒做！而且，不瞭解或不執行的朋友，通常是那些不讀書的人，或習慣會以冷言冷語或為反對而反對，至於自己為什麼反對，卻常常說不出所以然。很像所謂的螃蟹理論：一隻螃蟹，很容易從簍子裡爬出來，但幾隻螃蟹，就沒有任何一隻可以爬的出來了。因為當有一隻螃蟹即將爬出簍子時，會被其他螃蟹撥下來。

小心自己也脫口說出那些冷言冷語。對知識份子而言，為反對而反對，反而更暴露了我們的無知。不讀書，就閉嘴。因為知識經濟時代裡，不讀書的人的負面意見，是造成整個世界不能進步的最大原因。

做看看這題數學題目：一名努力存錢、投資的上班族，如果月薪五萬，聽老一輩的話努力存錢，省吃儉用，之後會有什麼樣的人生呢？

條件：月入五萬元，並將生活費控制在一萬五千元以內，每月定期定額投資基金三萬五千元。

這道試算範例中的上班族的條件，在現實世界裡已經是非常優渥的了，光是月薪五萬元，就遠遠高出平均值萬餘元，而一萬五千元的生活費，除了包含吃飯、衣物、房租或房貸、交通費之外，若想要充實自己或與朋友聯絡感情，補習費與應酬費還得一同考慮在內。在消費水準偏低的中南部

鄉鎮地區，區區一萬五千元的生活費，可能必須要過著十分平民化的生活才可以打平；如果把生活場景搬到台北、高雄之類的大都會區，大概得從平民變成貧民，才有可能應付城市裡的高消費。

如果以上嚴苛的條件你都能辦到，硬是省下三萬五千元，利用它來錢滾錢，我們選擇比較容易預估獲利的定期定額基金操作。以長期投資的平均年報酬率15%來計算，想累積到100萬，最快也得過上兩年縮衣節食的生活，而且還得保證兩年內不能有多次或大筆的意外支出。

好吧！萬一你就是這麼厲害又這麼幸運，真的讓你在兩年內累積了百萬資產，但那又如何？你能說你致富了嗎？你考慮過通貨膨脹、貨幣貶值等問題了嗎？情況一點也不如想像中樂觀，對吧！

不管是股票、基金還是存銀行，想成為億萬富翁，就要放棄在舊通路裡打轉的習慣，趕緊認清事實，踏入網路世界，建構屬於你自己的倍增系統，這才是21世紀致富的不二法門。

本 節 重 點 複 習

1.跟不上時代的演進、跟不上趨勢潮流的變化，是造成貧窮的重要原因。趨勢摧毀了以往的系統，讓傳統的那一套再也行不通了。

2.要過著什麼樣的生活，要成為富者還是窮人，由自己作主，千萬別聽不讀書的人的建議。

3.一次正確的選擇，效用將比一輩子盲目的努力來得更顯著！

4.想成為億萬富翁，就要放棄在舊通路裡打轉的習慣，趕緊認清事實，踏入網路世界，建構屬於自己的倍增系統，這才是21世紀致富的不二法門。

$\mathcal{B}$usiness **我的財商指數**

第 6 節
怕腳髒就別下床

如果你抓不住機會，你就是愚笨的小偷，
你會在不知不覺中讓家產損失慘重。

　　按照一般父母的教育，我們努力唸書是為了拿到好學歷。拿到好學歷才能找到好工作，進而領取高薪，開始享受好日子……。行不通了！我們舉過太多太多的例子，證明這套方法真的再也行不通了！況且，靠人力賺錢，從來就不是致富的路徑之一。學歷是驗證你的學習力，而不是讓你成為賺錢的機器。讀書若只為了賺錢，那就太可悲了，只可惜竟然有高達百分之九十的人，追求學歷是為了好的工作，好的工作只是為了賺錢。的確，一般人都是這麼想，同時也這麼做的。

　　知道了網路世界裡，傳統的途徑將會被打破，而且網路成功的速度，將高於實體通路千百倍，但還是有很多大人不想進入網路世界，有一最大的原因是：對網路印象太差了。詐騙集團那麼多，何況網路氾濫著色情……。

　　整個社會同樣也流竄詐騙集團，同樣也氾濫著色情，我們能因此不踏進社會嗎？網路確實是讓財富重新回到我們手中的重要工具。阻止自己及孩子上網，其實是一種很不智的

行為。有些父母直接將網路從孩子的生活連根拔起，以為這麼做是杜絕了網路的罪惡，但同時，也阻礙了孩子的眼界，硬生生地將孩子困養成井底之蛙。

　　網路本身只是個工具，能讓我們與世界接軌，它本身沒有好壞的問題，問題在使用者如何使用它。拿網路看色情、打電動當然不行，我們應該要耐心幫助孩子找出最適當的使用方式，讓它發揮應有的威力，而不是一味的阻隔。網路有色情，可以設定防堵程式，網路有病毒，可以安裝防毒軟體，網路有詐騙，可以不要貪小便宜，多聽相關經驗防堵。千萬不可以一味阻擋，雖然保護孩童不要被網路傷害是父母的責任，但讓孩子透過網路，跟上時代潮流、拓展眼界，操作網路帶來的便利與好處，也同樣是父母的責任。

　　你會因為地板不乾淨，怕弄髒了腳，就不讓自己及小孩著地走路嗎？地板髒，我們可以打掃、我們可以穿鞋，弄髒了腳也還可以清洗，方法多得是！就是不要將自己及孩子困在床上一輩子。自己還沒關係，怕就怕發育中的孩子過不了幾年，他的肌肉就會萎縮，更糟糕的是造成孩子一輩子也走不了路了！

　　別把孩子教窮了，更別阻礙他們未來發展的機會。馬上進入網路的世界，是一件不能夠再阻擋的事情，一旦你掌握

了網路上致富法則：不需要投資成本，只要找到對的人，大家合力挑水管，因此而架設出無法預估的倍增系統，你和夥伴們就能一起走出財富的自由。瞭解觀念後的執行力，將帶動數字不斷倍數成長，擁有之前無法想像的財富。

本 節 重 點 複 習

1. 父母直接將網路從孩子的生活連根拔起，別以為這麼做是杜絕了網路的罪惡，但同時，也阻礙了孩子的眼界，硬生生地將孩子困養成井底之蛙。

2. 雖然保護孩童不要被網路傷害是父母的責任，但讓孩子透過網路，跟上時代潮流、拓展眼界，操作網路帶來的便利與好處，也同樣是父母的責任。

3. 一旦你掌握了網路上致富法則：不需要投資成本，只要找到對的人，大家合力挑水管，因此而架設出無法預估的倍增系統，你和夥伴們就能一起走出財富的自由。瞭解觀念後的執行力，將帶動數字不斷倍數成長，擁有之前無法想像的財富。

𝓑usiness 我的財商指數

人類本來就不應該貧窮

財富是心理狀況的測量數據，簡單改變大腦思維狀況，收入就會大幅改善。

　　人類擁有遠超越所有物種的智慧，因此我們享受舒適的生活、享受便利的科技。照理說，高度發展的人類社會應該不存在貧窮問題，畢竟，連上太空都難不倒我們了！怎麼會被貧窮給打敗？抽絲剝繭之後，得到的答案十分出人意表。原來窮人之所以貧窮，是因為他們壓根兒搞不懂消費原理！『負債轉資產進倍增』，看過這本書，相信這幾個字會讓你終身難忘，也會讓你一輩子受用，但沒看到本書的人呢？就靠先知者當個分享者，將致富法則傳遞給他們了。

　　測試一個簡單的小問題，我們就能檢視周遭的朋友到底懂不懂理財觀念：

　　如果你今天沒有錢，那麼你要買高級進口轎車BMW，還是好開省油的一般車？一般人會說：『沒有錢還想什麼？當然是都不要買啊！』這個答案說明了貧窮的原因！越多人這麼想，我們的社會就越貧窮。就是因為貧窮，所以應該馬上想辦法購入資產呀！『貧窮不是因為你做錯了什麼事，而是因為你什麼都沒有做！』我們應該購入大量資產，讓資產

幫我們賺錢，這樣才有翻身的機會。

如果你有位朋友開婚紗攝影，結婚需要BMW車隊，於是和你商量，週一到週五租給他，週六、週日再留給自己帶老婆、孩子出去玩。這種時候，當租金大於車子的貸款，你當然應該馬上買高級進口轎車，而且買越多越好。這麼一來，你的車子立刻搖身一變，BMW成了幫你賺錢的資產。但如果，今天你買車的用途，在於當作計程車來賺錢，那麼當然應該選擇好開省油的國民房車。同樣由這個例子無限延伸。可惜大部分的人消費買車，是因為炫耀或貪圖方便。那叫舒適型的消費，這同時也是造成貧窮的最主要原因。

給富人一筆錢，他會考慮長遠的未來，計算報酬率，聰明的拿來購買資產；但給貧窮的人一筆錢，他只能想到眼前的生活可以因而好轉，因此會拿來做為負債式消費。而某些中產階級拿到同樣的一筆錢呢？通常是購買他誤以為是資產的負債，買了房子揹了一輩子房貸。正確的理財方式是：先架構出一個持續賺錢的系統，再用這個系統冒出的錢購買你想要的東西。先後順序很重要，如果你知道了還犯錯，那就真的永遠沒有成功的一天了。

人類本來就不該貧窮。如果你持續在一個困窘的環境裡打轉，我再告訴你兩個故事：

改變觀念，窮人翻身

命運轉輪1

有一個媽媽，丈夫開計程車，因為經濟不景氣，客人大量減少，為了賺錢養家竟超時工作，每天開車十五個小時，終於得了肝癌，不幸死了。

家庭的重擔落在這個媽媽身上，長期家管加上沒有工作經驗，只得尋找幫人打掃、洗碗的工作。這樣的收入如何能養育三個女兒呢？辛苦了一年，為了龐大的生活費開始舉債度日。勞累加上債務的壓力，使得這個媽媽喘不過氣，終於有一天，這個媽媽突然『想通了』。

她帶著三個女兒決定好好享受，於是住進五星級飯店的總統套房，一住就是七天，可是昂貴的住宿費怎麼支付呢？

其實她早就不打算支付這筆費用，在她的行李裡早買好了木炭，就在第七天，這個媽媽燒木炭，帶著三個可憐的女兒到天上與老公相聚了。

故事就這麼結束了，很淒涼是不是？但是，故事也可以不要這麼寫呀！

命運轉輪2

有一個媽媽，丈夫開計程車，因為經濟不景氣，客人大量減少，為了賺錢養家竟超時工作，每天開車十五個小時，終於得了肝癌，不幸死了。

家庭的重擔落在這個媽媽身上，長期家管加上沒有工作經驗，只得尋找幫人打掃、洗碗的工作。這樣的收入如何能養育三個女兒呢？辛苦了一年，為了龐大的生活費開始舉債度日。勞累加上債務的壓力，使得這個媽媽喘不過氣，終於有一天，這個媽媽突然『想通了』。

她帶著三個女兒決定好好享受，於是住進五星級飯店的總統套房，一住就是七天，可是昂貴的住宿費怎麼支付呢？

其實她早就不打算支付這筆費用，在她的行李裡早買好了木炭，就在第七天，這個媽媽準備燒木炭，帶著三個可憐的女兒到天上與老公相聚，突然在走道碰到了孩子學校的老師。

老師問：『好久不見了，來度假嗎？』

反正也沒必要說謊了，媽媽悲傷的把晚上要與孩子共赴黃泉的事一五一十地跟老師說。

老師說：『自殺，那很好呀！』（因為老師知道先認同對方的重要）『但是，為什麼要自殺呢？』

媽媽告知是為了錢，龐大的生活費加上自己的低學歷，根本看不到未來。

『噢，如果只是為了錢，那容易。』老師看過本書將負債轉資產進倍增的觀念：『將家裡原本要花的生活費轉換通路，節省一半的錢，快速告訴五個朋友進入倍增，馬上身價上億。』

『可是……』媽媽支支吾吾的說『我們早就沒有生活費了。』

『沒關係，我先借妳兩千元，你只要教會周遭的五個朋友將負債轉資產進倍增，你就可以跟朋友一起快速致富。』老師豪爽地說。

『但是……』媽媽更難過了，『我的朋友都沒有生活費，她們也拿不出兩千元，我的身邊，每個人都不想活了！』

老師頭痛了，突然靈光一閃，想到：『那麼，手機！現在將手機換電訊業者，將有一筆回饋金，不要急著拿，丟進倍增，教會朋友很快就身價上億。』老師還是不放棄。

『我的手機已經三個月沒繳費，早就停機了。』媽媽有點慚愧。

『唉，那是真的是該死了，好吧！一路好走。』老師起身離開，才走了三兩步，突然眼睛一亮：『妳剛剛說什麼？妳的周遭每個人都不想活了？如果真的是這樣，那機會來了！』老師興奮的說：『我問妳，妳預期當妳往生後，誰會幫你辦喪事？』

『二伯吧？』媽媽思考著：『應該是二伯。』

『那就趕快找你的二伯！』老師說：『既然是本來就需要花的禮儀費，先將它拿出來，找幾個同步有需求的人，一起先借出來進入倍增。如果能告訴三個朋友，啟動三的N次方等比級數，月入百萬簡直垂手可得！』

這個媽媽聽懂了，也真的照做了。她找到周遭三個朋友，教會她們將往生後的禮儀費先拿來倍增，而且旁邊的朋友也很快就懂，持續幫助周遭的朋友瞭解。現在這位媽媽也身價上億快樂的生活，已經完全不想離開人間了。

第一個媽媽是不是走得冤枉？就一個媽媽失業很久，眼見繳不出孩子的教育費。聽說推廣生前契約——將往生之後的禮儀所需的費用拿來倍增就可以致富，於是她向朋友借了

幾萬元，買了一個單位。

她開始向朋友推薦，朋友想，反正是走了之後都可以用到，就向她買了。可是這位媽媽很聰明，她要啟動的是3的N次方概念，她告訴朋友，如果我們每個人都找三個人，並教會她們把死後一定要用到的錢拿來丟入倍增的市場，就能得到大筆的錢解決孩子的教育經費了。

這位媽媽如今月入百萬了！或許她不知道倍增的力量有這麼大，3的次方何其快速呀！而所有聽得懂她的建議的人，財富也在急遽增加當中。仔細精算：她們只是把將來一定要用到的錢，先拿來透過人際網路的傳遞，啟動次方倍增的力量，再記得往生之後要回來消費掉那禮儀費，其實，這不也正是不花一毛錢就能身價上億嗎？

一切只是先後的順序。相同的，如果有一家網路超商告訴你，『預計你未來三年會被大賣場賺走四萬五千元，你可不可以先把這四萬五千元先拿出來，再邀請三位朋友一起先拿出來四萬五千元，一起執行3的N次方倍增』。

每個人都只要告訴三個人：『把你預計未來三年會被大賣場賺走的四萬五千元，先拿出來倍增』之後，錢就會源源不斷地冒出來。先賺到錢，再回網路世界裡完成必須的消費行為。這時，實體通路再也賺不到消費者的錢了，（其實消

費者沒有必要分攤實體通路的水電成本呀！網路早已取代實體通路了）而所有願意分享這個概念的消費者，也因倍增的力量成了億萬富翁。

這就是預佔市場，只是先後順序的不同：先把預期會因換通路而省下的錢提領出來倍增，之後再完成網路消費的動作，是不是很聰明？只是，會完整描述這個觀念的人才能轉進而啟動倍增，也就是說，每個人只要找到三個聽得懂的人，他們也願意傳遞下去就成功了，這也是大家一起挑水管的故事。

本 節 重 點 複 習

1. 大部分的人消費買車，是因為炫耀或貪圖方便，沈溺舒適型的消費，同時也是造成貧窮的最主要原因。

2. 任何一次消費都要問：這次的花費買的是資產還是負債？

3. 先架構出一個持續賺錢的系統，再用這個系統冒出的錢購買你想要的東西。消費的先後順序很重要，如果你知道了還犯錯，那就真的永遠沒有成功的一天了。

$\mathcal{B}$usiness 我的財商指數

第 5 章

打造無貧世界

再也沒有中間通路的剝削

●如果想要幫助這個社會，消除絕大多數的罪惡與犯行，首先要解決的就是經濟問題。消除貧窮，使人富足，相信這麼一來能打消多數人為惡的念頭。因為社會富足之後，人們再也沒有必要這麼做了！

●以往的貧窮，原因是來自於中間通路的剝削，因此透過網路，產消合一之後，形成一條新的隱形管道，一旦這條隱形管道成熟成形，不僅會替代實體通路，甚至會完全影響實體通路的存在空間，致使傳統資本主義的瓦解，也讓新一代資本家有機會勝出。

●如果0元致富的觀念能讓更多人知道並認同，加上這筆錢能快速累積到懂得分享的人身上，那麼無貧的世界就能實現！

第 *1* 節
貧窮是罪惡的深淵

任何一個負面的想法，一次都不可以發生。

　　在這個小節的開頭，首先是我個人經驗的分享。原本這件事情知道的人並不多，但既然它對我產生極大的觀念影響，更是我決定出這本書，教大家遠離貧窮並致富的重要關鍵。那麼，將這個故事的來龍去脈說清楚，我想是有必要的。

　　三年前，我因為相信一位好朋友投資了數位機上盒，卻不明這是個騙局而被騙了一千多萬元，其中有八百萬元左右是現金，另外兩百萬元，是幫對方背書而落到我頭上的債務。

　　這對我來說是一件很傷心的事，畢竟是自己的好朋友。事情發生之後，我大概有三天三夜不講話，家人、朋友都覺得我很奇怪，為什麼負債後我沈默的跟一隻貓一樣？但只有我自己知道心中在想什麼。

　　一連三天，我只做一件事，就是看書。我拼命告訴自己：『我只是一時沒錢，不是貧窮。』我不斷地看書，我知道從書中會找到解決的方法，畢竟這是個知識經濟時代，唯

一讓一個人翻身的，一定是知識。出身數學系的我，總是要找出一個邏輯能夠拯救自己，一千萬元畢竟不算是個小數目。

在書裡，我看到一段文字：『失去金錢，失去很少，失去健康，失去很多。可是失去勇氣，你將失去所有。』

這句話在我心裡產生極大的影響。我對自己說，沒事了！心上的難關度過之後，現實生活中的苦日子也要面對！可以想見，有一段時間，我過得十分狼狽。農曆新年期間，我連紅包都包不出來。

有天夜裡，我拿到剛賺到的一萬塊錢，跑到光復橋上。當時是半夜一點多，我看著橋下黑壓壓的河水，心想，不是我下去，就是錢下去。現在你還能看到我不斷地寫書、出書，是因為後來我選擇留住自己。那天晚上，我把錢撒了下去。

隔天我在台北世貿演講，對著台下的聽眾說：『錢是拿來連結的，連結陽光、友誼，連結你所需要的一切。』這句話我連續講了十幾次，『錢是拿來連結的。』下面的讀者沒有人知道，我正不斷強化我內心的信念。

短短幾個月，我日夜上課，還清兩百萬元的債務。若要

說這件事情對我最大的啟發與影響，我想是讓我認識了貧窮之惡，我覺得貧窮很糟。我所體認到的貧窮之惡，是原來貧窮會改變一個人的心智，會破壞善的堅持。那名騙走我上千萬元的人，與我也是朋友關係，還是相當親密的好朋友。但因為貧窮，所以他無法顧及兩人之間的情誼。我衷心相信他會掙扎、他會愧疚，但他還是做了，只是因為貧窮！

這樣的認知，到後來慢慢醞釀發酵，凝聚成我撰寫本書的動機之一。社會太亂了，如果想要幫助這個社會，消除絕大多數的罪惡與犯行，首先要解決的就是經濟問題。消除貧窮，使人富足，相信這麼一來能打消多數人為惡的念頭。因為社會富足之後，人們再也沒有必要這麼做了！

透過這本書，告訴大家在未來世界裡如何快速致富，如何在現在的處境翻身進而逆轉勝。希望本書能幫助人們集體瞭解與執行，大家一起打造出無貧的世界。

貧窮或富有是使用金錢的方式造成的。拯救貧窮光靠政府的力量是不夠的。按照政府現行的社會福利機制，最多能做到補助一個月給貧戶五千元，但是政府不會教他們如何使用這五千元，光靠這五千元能讓他們脫離貧困嗎？不可能！沒有理財觀念，除了不夠用之外，要靠這五千元致富更是作夢！

　　問題從來就不在於人們擁有的金錢的多寡，財富是觀念的問題，是使用金錢方式的問題。窮人的問題不在於沒有投資的錢，而是沒有投資的概念！

　　教育是重要的。如果今天政府每月補助五千元，同時教會他們，拿出五千元當中的一部分，比方說兩千元，然後進行負債轉資產進倍增的致富法則，那麼這五千元，就會成為他們翻身的機會。

本 節 重 點 複 習

1. 失去金錢，失去很少，失去健康，失去很多。可是失去勇氣，你將失去所有。

2. 錢是拿來連結的，連結陽光、友誼，連結你所需要的一切。

3. 如果想要幫助這個社會，消除絕大多數的罪惡與犯行，首先要解決的就是經濟問題。消除貧窮，使人富足，相信這麼一來能打消多數人為惡的念頭。因為社會富足之後，人們再也沒有必要這麼做了！

Business 我的財商指數

第2節
新一代資本家的誕生

當一個機會大家都已經知道時，它已經不是一個機會了。

依照托佛勒博士的預測，傳統資本主義的末日即將來臨，這一天真的到了。

知名的健身中心倒了、老字號的百貨公司倒了、門庭若市的連鎖汽車美容公司居然也倒了……。電視新聞裡，幾乎三天兩頭就會冒出一則這樣的案例，細細解說事情的來龍去脈，穿插人去樓空、大門深鎖的店舖，或是消費者求償無門，又氣又急又無奈的表情。這樣的新聞總是引起讀者複雜的情緒，百感交集。專家預言，傳統資本主義的末日儼然來臨。

事實上，網路一出，許多走實體通路的產業，原本就註定是被淘汰的一群，現在我們所看到的，也許只是冰山一角，還會有更多相似的狀況陸陸續續出現，就好像可怕的連環爆一樣。餐飲業、服務業、教育業、製造業、百貨流通業、廣告傳播業……，各行各業幾乎無一倖免，在網路力量的影響下，遭受重創，直到一蹶不振。當百業蕭條，下一個受到波及的就是民生消費力，加上公司將接連倒閉，帶來龐大失業潮，薪水都沒得領了，當然得勒緊褲帶過日子囉！消

費能力越降低，各行各業的營運狀況就越糟，惡性循環就像恐龍大滅亡一樣，無法挽回、無法阻擋。

雖然表面上看來，是明顯的經濟大蕭條，不景氣到極點了！但『危機就是轉機』這句話，最適合用在這個時刻了。網路崛起，新時代來臨，代表財富就要重新分配，醞釀新一代的資本家在網路世界裡出現，這是窮人翻身的大好機會啊！不過我同時也不得不擔心，人們到底注意到了沒？這次的機會可以說是千載難逢。時代交替可不是天天都有的，錯過了這一次，下次財富的重新分配在何時？沒有人有答案！

回過頭來，我們談到實體通路的連環爆，東爆西爆之後，實體通路中一片焦土，恍如世界末日降臨，沒錯！這就是傳統資本主義的末日！

在托佛勒所撰寫的《財富革命》一書中，提及：革命正在發生，財富定義已然改寫。裡頭有非常詳盡的說明，有機會大家可以好好拜讀一番。重點是，在托佛勒寫書的那個年代，網路尚未出現，他筆下的內容卻與我們現在正思考討論的議題相佐證。

托佛勒提到：『財富革命的序幕，迎向未來財富。』又說：『財富會經過三次巨變。』、『巨變之後會產生產消合一潮，生產者跟消費者合而為一，將會產生更多免費的

午餐。』以上三小段話，不就是本書不斷重複的『趨勢改變』、『網路形成』與『網路影響力』嗎？

透過網路，我教你日文，你教我英文，利用資源的共享，沒有人會變貧窮。以往的貧窮，原因是來自於中間通路的剝削。因此透過網路，產消合一之後，形成一條新的隱形管道。一旦這條隱形管道成熟成形，不僅會替代實體通路，甚至會完全影響實體通路的存在空間，致使傳統資本主義的瓦解。

這裡所說的資本主義，指的是傳統經由實體通路倍增財富的資本主義，也就是我們前文曾經提及所謂知名或連鎖企業之類的。在一連串的瓦解之後，財富重新洗牌，新的貧窮族群出現。這就好像玩團體遊戲——大風吹一樣，趁著這個機會，現在就是交換位子的空檔。已經取得先機的你，一定要看準方向，在這一波輪替中，躋身富人象限，成為新一代的企業家。

在財富的流向處集體攔腰建構水壩吧！早在1980年時，托佛勒博士就已提出，『生產者跟消費者合而為一，取代過去的傳統通路』的理論！到了21世紀，終於有機會能藉由網路獲得實踐。

傳統資本主義的末日，讓新一代資本家有機會勝出。它

會在哪裡崛起？網路，別忘了，網路分為網際網路與人際網路唷！透過本書的引導，執行觀念的傳遞，你真的可以一夕致富，絕對不是夢想。能夠理解的人得到財富，不能理解的人，只好繼續在窮人象限裡打轉了。

大師觀點

成功元素

　　運用這本書描述的致富法則，架構出一套系統，你就輕易躋身億萬富翁行列。系統是要能在承傳後，也可以達到一樣效果。所以，每個人都能將負債轉資產進倍增的觀念，寫成系統承傳複製，輕鬆身價上億。人人都可以，沒有性別、年齡或職業的區分，不過這套系統會在某些人身上失靈，比如說：遊民與乞丐。

　　我曾經花一個下午的時間坐在萬華的路邊看著那些遊民。我在想，有什麼辦法可以真正幫到他們。給他們釣竿，不是只給他們魚。如何把這套系統告訴他、教會他？因為每個人在我眼中都是億萬富翁，只要會算這道數學，真的誰都可以不花一毛錢身價上億。可是針對這些遊民，他們也能操作這套系統嗎？第一步，把生活費做個轉換，讓負債變資產。第二步，再請他們告訴五個朋友，共構系統之後便能進入倍增。哇～好棒！連遊民與乞丐也能致富，這下真的是窮

人大翻身了！

從理論上來說，是這樣沒有錯，但是實際上呢？你有沒有想過，遊民本身沒有所謂的生活費可言，他們已經拿到太多免費的東西了。習慣『拿』的動作，讓他們持續貧窮。既然遊民沒有生活費，何來的生活費轉換？那好吧！沒關係，幫人幫到底，就算他們沒有翻身的『第一桶金』，那麼由我們來幫他出第一個月的費用，先使他進入系統，讓他們有機會翻身，只要他找到並教會五個人，依此類推，就能成為億萬富翁了。但是你有沒有想過，遊民的朋友還是遊民啊！這豈不是又回到了原點。拿慣了的人生，從來沒有生活費，何來生活費的轉換！

很多人看了這本書的理論之後大受感動，於是將本世紀致富原理與周遭的朋友分享，卻驚覺身邊的朋友竟然都聽不懂。這個觀察又給了我兩道啟發，第一是呼應我們前面曾經說過的，你的財富是周遭朋友的財富平均值！第二是，所以一定要想辦法，改變周遭的環境！在對的地方，比如說演講廳、書局交一些對的朋友，分享本書能不花一毛錢就能致富的『零元致富』理念，這不僅僅是幫助別人，同時也是在拯救整個社會！

本 節 重 點 複 習

1.網路一出，許多走實體通路的產業，原本就註定是被淘汰的一群，現在我們所看到的，也許只是冰山一角，還會有更多相似的狀況陸陸續續出現，就好像可怕的連環爆一樣。

2.雖然表面上看來，是明顯的經濟大蕭條，不景氣到極點了！但『危機就是轉機』這句話，最適合用在這個時刻了，網路崛起，新時代來臨，代表財富就要重新分配，醞釀新一代的資本家在網路世界裡出現，這是窮人翻身的大好機會。

3.以往的貧窮，原因是來自於中間通路的剝削，因此透過網路，產消合一之後，形成一條新的隱形管道，一旦這條隱形管道成熟成形，不僅會替代實體通路，甚至會完全影響實體通路的存在空間，致使傳統資本主義的瓦解，也讓新一代資本家有機會勝出。

ℬusiness **我的財商指數**

第３節
創造公益的世界

讓自己充滿著愛，多到可以給別人，
並且使你所有認識的人重新獲得生命。

　　讓自己遠離貧窮，是一種責任，幫助別人擁有智慧脫離貧窮，更是大愛。所謂財施、法施、無畏施，教人方法是一個無上的功德。你只管教，至於朋友聽懂不懂，那是個人的造化。

　　在沒有金錢的觀念下，政府給貧窮人的五千元補助，原本是善意，但如果讓這些家庭習慣了伸手拿，只是讓他們更貧窮而已。因為貧窮的原因，是根本不懂財富的原理。理財訓練對人的一生來說，是非常重要的環節，可惜現在一般人的財商指數普遍不足，不是因為智商低，而是根本沒有人教。其實財富的觀念應該從小培養起，是教育的責任，教改十年，號稱多元教學，卻連最基本、最貼近生活的部分都不教，也難怪經濟問題日益嚴重。

　　如果你透過本書，掌握了致富法則，然後展開超強的行動力，真的成功踏入致富殿堂，然後呢？事情並沒有結束喔！真正的重點才要開始。當你們致富了之後，成為了億萬富翁，這些錢要拿來做什麼？什麼事情可以讓你的財富更有

意義？這才是我們這本書所要倡導的關鍵重點。一起進入公益的世界吧！我最大的理想就是希望人人都能奉行十一捐，而且是將所得的十分之一留下，十分之九全奉獻出去。

　　未來財富版圖將迅速轉移到擁有這些特質的人手上：願意奉獻、分享的人，這一點，其實也是富人心智地圖裡頭十分明顯而重要的指標。前年，股神巴菲特捐出自己名下財產的百分之八十五，交由好友比爾‧蓋茲的基金會，進行慈善公益。這約莫三百七十億元美金，也就是新台幣一兆一千八百四十多億元的天文數字，成功創下歷史上個人單次捐款的最高紀錄。無獨有偶的，日前，香港首富李嘉誠也宣布，要捐出個人財產的三分之一，投入慈善事業，折合新台幣是超過一千九百億的鉅款。

　　再次印證物以類聚，人以群居的道理。微軟創辦人比爾‧蓋茲，與巴菲特稱得上是哥兒們的伙伴，同樣都是財產超過十億美元的超級富豪，而且兩人都是排行榜中的前十名！在台灣，也有許多愛心不落人後的企業家，例如郭台銘、溫世仁。50歲那年，溫世仁決定不要再當生意人，他說：『要有計畫地把五十億台幣散光，不是到西門町去撒錢，而是有計畫地花在一些有意義的事情上。』溫世仁曾經提出一個『千鄉萬才』的計畫，要在極度缺乏發展的中國大西部，從一千個鄉鎮裡面，培養出一萬個人才。為了落實計

畫，出錢出力，先是捐贈電腦，然後教導他們透過網路與世界接軌。就這樣拎著行李，帶上筆記型電腦，再握著手機，溫世仁遊走在猶如荒漠般的中國大西部，一年三百六十五天，睡三百六十六張床，科技遊俠之名不逕而走。

溫世仁曾說：『一個人有再大的權力、再多的財富、再高的智慧，如果沒有學會去關懷別人、去愛別人，那他的生命還有多少意義呢？』

相似的論點也曾經從巴菲特的心中流露出來。巴菲特說：『我不認為擁有財富是多麼快樂的一件事，尤其是看到世界上還有這麼多貧窮的人。』曾有人問過他，為什麼能這麼無私奉獻，巴菲特的回答令人感動，他表示，主要目的是希望能透過這樣的舉動，影響其他富有的人，讓他們體認到『取之於社會，用之於社會』的道理。

他的目的達到了嗎？達到了！繼巴菲特驚動全球的鉅額捐款後，的確引發許多富豪群起效尤，其中包含美國糖果大亨馬斯家族的基金會與知名港星成龍等人，紛紛慷慨解囊做慈善。一個良性循環的世紀正在滾動！

為善要欲人知，掀起世人仿效。有許多人對於這樣慷慨解囊的捐款方式，感到遙不可及，因為心中仍存有要將財富留給下一代的觀念，但富人之所以會這麼做，是因為他們的

金錢藍圖與一般人不同啊！懂得金錢價值的他們，一向注重子女的理財教育，因此無須擔心下一代的理財能力，相同的，下一代也因為擁有足夠的自信，而不會依賴父母的財富。這是不是非常讓人耳目一新的理財教育？

與此同時，還有一件事情要特別說明，分享之後，富豪就再也不是富豪了嗎？畢竟捐出百分之八十五可是非常高的比例，相信『擔心損及自己』是許多人心裡的疑慮。但是在股市大受次級房貸風暴拖累，與捐出鉅額善款的雙重影響下，2008年，巴菲特居然仍是世界首富，擁有六百二十億美元的個人資產，超越了連續十三年排行第一的比爾‧蓋茲。你還能說，分享會造成貧窮嗎？

未來，財富不會累積到不對的人身上，而是會湧向願意分享的人。做個慈善家，讓整個世界變成一個公益的世界。我們應該及早停止惡性競爭，『全世界百分之九十五的財富，集中在百分之五的人身上，但其他百分之九十五的人，卻只能爭奪百分之五的財富』，這樣的世界真的很悲哀。所以我說，讓自己遠離貧窮，也幫助朋友遠離貧窮，是一種責任，是一種需要對整個社會負起的重責大任！

大師小故事

Story

陽光毒辣的沙漠中，迷失方向的落單旅人，已經好幾天沒有喝水了。突然間，就在他快撐不下去之際，一處光點的反射，吸引了他的注意力，走近一看，原來是口井。剛剛所看到的光點，就是井旁幫浦所反射的。

這下這名幾乎要渴死的旅人可樂壞了！他奮力上下搖動幫浦，但卻發現沒有半滴水被打上來。高度希望之後的高度失望，讓他沮喪不已。他心想，自己再也沒有力氣撐下去了，應該會渴死在這無水的幫浦旁。

頹喪地低下頭卻發現，原來幫浦邊有杯水，還加了蓋子，上面有張紙條，上頭寫著：『先把水倒進井旁邊的管子，先讓水流通，你就有源源不斷的水源。』旅人非常的猶豫，他開始思考：萬一貿然倒下去，水卻沒有被打上來，那我該怎麼辦？我不就真的得渴死在這沙漠了嗎？這杯可是救命水呢！

這麼一想，他決定還是喝掉它吧！當他舉起水杯，掀開蓋子，準備一飲而盡之際，另一個念頭又冒上來：如果把水倒下去，就能有水上來，但我卻沒有這麼做，豈不是害了後頭其他口渴的旅人嗎？

　　猶豫片刻後，大愛改變了許多人的命運。旅人決定依照紙條上所寫的。他將整杯水往下倒，果然水就真的被打上來了，源源不絕的井水，不僅一解他多日的乾渴，還讓他將水壺裝個飽滿，繼續踏上旅程。當然，他並沒有忘記在井邊再留一杯水，並且加上蓋子留下紙條：

　　『先把水倒進井旁邊的管子，先讓水流通，你才有源源不斷的水源。』

　　口渴的旅人之所以有水喝，就像人之所以富有一樣。因為在關鍵時刻，他想到了別人，懂得分享，以及懂得先投資，先把觀念分享出去。今天如果是你，你會怎麼選擇呢？

本 節 重 點 複 習

1. 財施、法施、無畏施，教人方法是一個無上的功德。你只管教，至於朋友聽了懂不懂，那是個人的造化。

2. 未來財富版圖將迅速轉移到擁有這些特質的人手上：願意奉獻、分享的人，這一點，其實也是富人心智地圖裡頭十分明顯而重要的指標。

3. 溫世仁說：『一個人有再大的權力、再多的財富、再高的智慧，如果沒有學會去關懷別人、去愛別人，那他的生命還有多少意義呢？』

一題數學解決全球經濟問題

Business 我的財商指數

第④節
我們正在寫歷史

知道目標在哪裡，全世界都會為我們開路。

這本書所傳遞的觀念，正是未來整個財富重新分配的方法，財富的板塊將會移到某些特定的人身上。換句話說，我們正在創造一個過去大家都不熟悉的歷史。

我們正在創造新的世紀裡那B象限的富人。如果0元致富的觀念能讓更多人知道並認同，加上這筆錢能快速累積到懂得分享的人身上，那麼無貧的世界就能實現！

然而，成為未來的富人最重要的一件事，就是在虛擬的世界裡，把企業的精神做到、做好，並且擴散出去。成功已經不需要第一桶金了，只需要透過網際網路與人際網路，好好架構你自己的系統！把企業裡需要處理的雜事，改成理財觀念分享的聚會，這麼簡單，任何人都能輕鬆身價上億，我相信不久本書的觀念會以光速般拓植出去！

我非常看好又心疼這一代的大學生。台灣的大學生大部分都生活得很拮据。雖然許多人來自於雙薪家庭，然而父母薪水固定且有限，一家大小所有開銷如此龐大，加上購買資產的觀念薄弱，怎能支撐大學幾乎年年調漲的學費？高學費

政策下，很多大學生申辦助學貸款，常常把握課餘時間兼家教、打工賺取學費與生活費。當然用勞力賺的錢絕對無法償還貸款，影響許多大學生一畢業就揹卡債。而在大學生涯顧著打工，無法好好唸書，最後無法順利畢業的大有人在。

有時說真的，孩子的貧窮，還真的是大人集體努力下造成的。父母不讀書，不願接受新觀念是重要因素。其實，只要大人摒除守舊及固執，與孩子一起瞭解致富理財的新觀念，最好是全力配合將家中的負債轉為資產，再結合大學生在學校裡豐碩的人脈，一起把家中的負債轉變為資產進而倍增，這樣每個大學生都能因為財富的智慧傳遞而輕鬆身價上億。大學生的未來變了，整個國家的國力也會跟著轉變。新一代的年輕富豪正藉由新興通路而產生，YouTube、Google、阿里巴巴，更年輕的企業家層出不窮，這些都是拜網路零成本的優勢所賜。它們壯大的速度之快、成果之豐碩，讓人不得不正視整個歷史的轉變。我們現在正在改寫歷史，正經歷一場不流血的財富革命。只要越多人聽得懂，就越多人走出貧窮，若是全台灣的人都聽懂，那整個歷史真的要大大改寫了！

如果你也想在這次財富的巨變中脫穎而出，如果你周遭也有朋友需要財富的自由，你只要花費一點點時間，找到對的人一起建構出一個倍增的系統，不僅可以完成我們應完成

但還沒開始的夢想，還可以將系統傳子傳孫，而且多到可以做更多公益的事。

這本財富的秘密，記載著把夢想實踐的捷徑。記住，我們不光只想自己走出財富自由，不是只想自己成為億萬富豪，我們做的，是在改寫歷史，我們要幫助更多人一起瞭解財富的觀念，幫助大家集體走出財富的自由。如果一個人可以找到幾個人教他們本書的觀念，一起集體的執行產消合一，人們將不會再有貧窮的夢魘。

讓我們一起寫歷史吧！期待透過你們的努力，一起迎接一個無貧世界的到來。

未來，財富不會累積到不對的人身上，而是會湧向願意分享的人。做個慈善家，讓整個世界變成一個公益的世界。

一題數學解決全球經濟問題

本 節 重 點 複 習

1.未來的富人最重要的一件事，就是在虛擬的世界裡，把企業的精神做到、做好，並且透過知識傳遞不斷拓展出去。成功已經不需要第一桶金了，只需要透過網際網路與人際網路，好好架構你自己的系統！

2.如果你周遭也有朋友需要財富的自由，你只要花費一點點時間，找到對的人一起建構出一個倍增的系統，不僅可以完成我們應完成但還沒開始的夢想，還可以將系統傳子傳孫，而且多到可以做更多公益的事。

3.如果零元致富的觀念能讓更多人知道並認同，加上這筆錢能快速累積到懂得分享的人身上，那麼無貧的世界就能實現！

Business **我的財商指數** ✦✦

國家圖書館出版品預行編目資料

一題數學解決全球經濟問題／陳光著.
第一版——臺北市：宇炯文化 出版；
紅螞蟻圖書發行, 2010.9
面 ； 公分. ——（知識精英；36）
ISBN 978-957-659-807-4（平裝）

1.財富 2.經濟預測 3.知識經濟

551.2   99018357

知識精英 36

一題數學解決全球經濟問題

作　　者／陳光
美術構成／引子設計
校　　對／周英嬌、楊安妮、陳光
發 行 人／賴秀珍
總 編 輯／何南輝
出　　版／宇炯文化 出版有限公司
發　　行／紅螞蟻圖書有限公司
地　　址／台北市內湖區舊宗路二段121巷19號（紅螞蟻資訊大樓）
網　　站／www.e-redant.com
郵撥帳號／1604621-1　紅螞蟻圖書有限公司
電　　話／(02)2795-3656（代表號）
傳　　真／(02)2795-4100
登 記 證／局版北市業字第1446號
法律顧問／許晏賓律師
印 刷 廠／卡樂彩色製版印刷有限公司
出版日期／2008年 9 月　第一版第一刷
　　　　　2014年 7 月　第一版第二刷

定價 220 元　　港幣 73 元

ISBN　978-957-659-807-4　　　　　Printed in Taiwan